문해력 평정
천하통일 삼국지
❸ 주군을 위해 목숨을 바치다

문해력 평정
천하통일
삼국지

❸ 주군을 위해 목숨을 바치다

초판 1쇄 인쇄 2024년 7월 8일
초판 1쇄 발행 2024년 7월 12일

원작 | 나관중
글 | 서지원
그림 | 송진욱
펴낸이 | 한순 이희섭
펴낸곳 | (주)도서출판 나무생각
편집 | 양미애 백모란
디자인 | 박민선
마케팅 | 이재석
출판등록 | 1999년 8월 19일 제1999-000112호
주소 | 서울특별시 마포구 월드컵로 70-4(서교동) 1F
전화 | 02)334-3339, 3308, 3361
팩스 | 02)334-3318
이메일 | book@namubook.co.kr
홈페이지 | www.namubook.co.kr
블로그 | blog.naver.com/tree3339

ISBN 979-11-6218-307-6 74820
ISBN 979-11-6218-304-5 74820(세트)

값은 뒤표지에 있습니다.
잘못된 책은 바꿔 드립니다.

＊종이에 베이거나 긁히지 않도록 조심하세요.
＊책 모서리가 날카로우니 던지거나 떨어뜨리지 마세요. (사용연령: 8세 이상)
＊KC마크는 이 제품이 공통안전기준에 적합하였음을 의미합니다.

나관중 원작 | 서지원 글 | 송진욱 그림

문해력 평정
천하통일 삼국지

❸ 주군을 위해 목숨을 바치다

차례

제14장
여포의 최후 7

제15장
서주로 돌아간 유비 23

제16장
함정에 빠진 관우 43

제17장
다시 만난 삼 형제 65

제18장
조조와 원소의 전쟁 89

제19장
조조 군을 물리친 서서 107

제20장
제갈량과 삼고초려 125

문해력 꼭꼭 142

제14장

여포의 최후

"크하하, 이제 천하의 주인은 이 여포 님이란 말씀이지!"

여포는 자신을 치려고 하는 조조의 계획을 전혀 모르고 있었어. 그저 눈앞에서 원술을 내쫓아서 앓던 이가 쑥 빠진 것 같았지. 여포는 날마다 술을 마시며 흥청망청 시간을 보냈어.

"암요, 이제 천하에서 장군이 가장 강할 것입니다!"

진규는 여포를 안심시키려고 옆에 착 달라붙어서 사탕처럼 달콤한 말을 쏟아부었지. 그러자 으쓱해진 여포는 더 큰 잔치를 열었어.

"여 장군은 또 술인가?"

진궁*은 여포에게 몇 번이고 술을 그만 마시라고 말했어. 하지만 여포

★ 동탁에게 쫓기던 조조의 목숨을 구해 주고 의기투합했다가 조조가 여백사를 인정사정없이 죽이는 것을 보고 실망해 조조를 떠났다. 이후, 여포의 부하가 되어 지략을 알려 주는 강직한 인물이다.

는 진궁의 말은 들은 체도 하지 않았지.

"하, 아무리 말해 주어도 알아듣지 못하니, 쇠귀에 경 읽기로군."

한편 여포를 칠 기회를 노리고 있던 유비는 조조에게 편지를 보냈어.

> 여포의 횡포가 갈수록 심해지고 있습니다.
> 백성들이 모두 여포를 원망하고 있을 뿐만 아니라
> 군사들도 불만이 터져 나오고 있습니다.
> 지금이야말로 여포를 칠 좋은 기회인 것 같습니다.
> - 유비

그런데 예상하지 못한 사건이 터지고 말았어. 유비가 조조에게 보내는 편지를 가지고 가던 전령이 여포의 부하에게 우연히 붙잡힌 거야.

"저를 보고 도망치기에 수상해서 쫓아가서 잡았더니, 이 편지가 나왔습니다."

편지를 읽은 여포는 화가 나서 몸을 부르르 떨었어. 유비가 자신을 공격할 거라는 사실을 알게 된 거지.

"조조와 손을 잡고 감히 나를 공격하려 하다니! 유비, 이 가소로운 놈, 내가 먼저 너를 공격해 주마!"

여포는 먼저 군사를 일으켜 소패성으로 향했어.

여포가 군사를 이끌고 소패성으로 달려온다는 소식에 유비와 관우, 장비는 깜짝 놀랐지.

"여포가 눈치를 챈 모양이구나."

"이참에 아예 여포 놈을 없애 버립시다!"

장비가 주먹을 불끈 쥐며 나섰어. 그러나 유비는 고개를 저었지.

"우리가 가진 군사로는 여포의 군사를 상대할 수가 없어."

유비는 조조에게 지원군을 보내 달라는 전령을 다시 보냈어. 그리고 성문을 굳게 닫은 채 꼼짝도 하지 않았지.

그 모습을 본 여포의 부하 진궁이 나서서 소패성 안에 있는 유비를 조롱했어.

"어리석고 비겁한 네놈은 이곳 소패성의 주인이 될 자격이 없다! 당장 나와 여포 장군에게 무릎을 꿇어라!"

진궁은 성안까지 다 들릴 정도로 쩌렁쩌렁 큰 소리로 외쳤어. 하지만 유비는 들은 척도 하지 않았지.

"흠, 저 녀석들, 성안에서 무얼 하는 거지?"

여포는 굳게 닫힌 소패성의 문을 노려보며 중얼거렸어.

사실 유비는 나름대로 계획이 있었어. 여포를 함께 공격할 조조의 지원군이 오기를 기다리고 있었던 거야. 그래서 진궁이 아무리 조롱해도 꼼짝하지 않고 버텼지.

"지금이다! 당장 유비에게 군사를 보내도록 하여라."

조조 역시 나름대로의 계획이 있었어. 유비가 여포의 공격을 받았다는 소식을 들은 조조는 하후돈*에게 군사 5만 명을 주며 유비를 도와 여포를 치도록 했어.

여포도 조조의 지원군이 오고 있다는 소식을 듣게 되었어.

'아무래도 지금은 조조와 싸우지 않는 게 좋겠군.'

이렇게 생각한 여포는 군사를 물려 서주성으로 돌아가기로 했어.

"모든 군사는 서둘러 후퇴하라!"

다급히 서주성으로 돌아간 여포가 성문 앞에서 소리쳤어.

"문을 열어라!"

그런데 굳게 닫힌 성문이 열리지 않는 거야.

"이놈들, 당장 성문을 열지 못할까!"

여포는 버럭 화를 내며 소리쳤어. 성문 위 문루에도 군사 한 명 보이지 않았지. 왠지 불안한 마음이 여포를 휘감기 시작했어.

아니나 다를까, 서주성 성벽에서 갑자기 화살이 비 오듯 쏟아지기 시작했어.

쇠쇠쇠쇠쇠!

★ 조조의 친척이자 고향 친구. 충성스럽고 강직한 장수로, 조조와 함께 수레에 탈 정도로 대우를 받았다. 여포의 부하 조성이 쏜 화살이 한쪽 눈에 맞았을 때, 부모님의 피로 만들어진 것을 버릴 수 없다며 화살을 뽑아 자기 눈동자를 뽑아 삼킨 후, 외눈으로 다시 싸웠다.

여포의 군사들이 우수수 쓰러지고 말았지.

서주성은 여포가 점령했던 곳인데, 이게 어떻게 된 일일까?

여포는 갑작스러운 공격에 당황했지만, 방천극을 휘두르며 화살을 막아 냈어. 그때 문루에서 누군가 고개를 내밀었어. 여포의 부하인 진규였지.

"여포, 왔느냐?"

"뭐라? 빨리 문을 안 열고 뭘 하는 게냐?"

진규는 아들 진등과 함께 호랑이를 잡을 굴을 파고 있었어. 여포를 잡기 위한 계획을 실행하고 있었다는 말이야. 그래서 여포가 서주성을 나가는 즉시 서주성을 점령했던 거야.

"여포야, 서주성은 원래 네놈 것이 아니라 유 태수의 것이다. 그걸 잊었느냐? 나는 서주성을 원래 주인에게 돌려주려는 것뿐이다."

"저, 저, 저놈이!"

"여포를 향해 화살을 쏴라!"

화살이 비가 오듯 쏟아지자, 여포는 물러날 수밖에 없었어.

'더는 버티기 힘들 것 같군! 후퇴해야겠어!'

여포가 이를 갈며 서주성을 노려보는데 진규가 여포를 향해 소리쳤어.

"네놈은 여기서 끝이다. 네 뒤를 봐라!"

뒤에서 하늘이 무너질 듯한 함성이 들렸어.

"와와와와!"

여포는 간담이 서늘해졌어. 여포의 뒤로 엄청난 대군이 새카맣게 몰려와 있었어. 어느새 조조가 대군을 이끌고 나타난 거지.

"유, 유, 유비와 관우, 장비도 있습니다!"

여포의 부하들은 이미 겁을 집어먹었어.

"총공격하라!"

조조의 명령에 대군이 물밀듯이 밀어닥쳤어.

"내가 여기서 물러설 성싶으냐? 나는 여포란 말이다!"

여포는 적토마를 타고 방천극을 휘두르며 조조의 대군을 향해 돌격했어. 그러나 아무리 여포라고 할지라도 유비, 관우, 장비를 비롯한 조조의 대군을 당해 낼 수는 없었어.

"에잇, 일단 도망치자! 모두 후퇴한다! 나를 따르라!"

여포를 따르는 부하 장수들은 진궁과 다른 장수 몇몇밖에 없었어.

"우선 하비성으로 가자. 그곳에 숨어서 일이 어떻게 된 것인지 살펴야겠다."

그렇게 하비성으로 숨어든 여포는 간신히 목숨을 건질 수 있었지.

승리를 거둔 조조는 진규와 진등 부자에게 큰 상과 벼슬을 내렸어. 그리고 도망친 여포를 잡기 위해 하비성으로 출발했어.

"장군, 제가 성을 지키고 있을 테니, 성 밖에 숨어 있다가 조조 군의 뒤쪽을 공격하십시오."

진궁은 여포를 위해 조조를 물리칠 계책을 알려 주었어.

그런데 여포가 더 이상 성 밖에 나가 싸우려고 하지 않는 거야.

"장군, 왜 나가서 조조와 싸우지 않습니까?"

진궁이 물었어. 여포는 고개를 저었지.

"내가 성 밖으로 나갔다가 또 배신자가 생겨 성을 잃게 되면 어쩌겠나? 다시는 나가지 않을 것이다."

진궁은 한숨을 길게 내쉬었어.

여포는 하비성에 숨어 날마다 술을 마셔 댔지. 눈이 움푹 들어가고 얼굴은 창백해졌어. 그 모습을 본 진궁은 술을 끊고 군사를 정비해야 한다고 여포를 다그쳤어. 그제야 여포는 간신히 정신을 차렸어.

'그래, 천하의 여포가 이렇게 끝날 순 없지.'

여포는 앞으로 절대 술을 마시지 않겠다고 다짐했어. 그리고 모든 군병에게도 술을 마시지 말라고 경고했지.

그러던 어느 날, 여포의 부하 장수 후성이 부하들에게 술을 선물받았어. 후성은 반듯하고 충성심이 강한 장수였어. 후성은 그 술을 마시지 않고 여포에게 다시 선물했어.

"뭐라고? 내가 술을 마시지 말라고 했는데, 술을 가져와? 당장 이놈을 죽여라!"

여포는 두 눈을 부릅뜨며 노여움이 가득한 목소리로 외쳤어. 그것을 본 진궁이 후성을 죽여서는 안 된다며 말렸지.

"장군, 후성을 죽인다면 군사들의 사기가 더욱 땅에 떨어지게 될 것입니다."

"흐음!"

여포는 후성을 용서하는 대신 장 100대를 때리라고 명령했어. 장형은 엄청 큰 몽둥이 '장'으로 매질을 하는 형벌이야. 후성은 간신히 목숨을 건지긴 했지만, 엄청난 매질 때문에 몸이 망가지고 말았어. 후성은 눈물을 흘리며 동료 장수들에게 말했지.

"여포는 부하도 아낄 줄 모르는 천하의 소인배일세! 그런 사람을 주군으로 모실 필요가 있겠는가!"

후성의 말에 동료 장수들이 술렁이기 시작했어. 그러자 후성은 다른 장수들에게 차라리 조조에게 항복하자고 말했어.

"조조가 우리를 받아 줄까?"

"빈손으로 간다면 어림없겠지. 하지만 여포가 타고 다니는 적토마를 끌고 간다면 틀림없이 받아 줄 거야."

그날 밤, 후성은 여포의 적토마를 끌고 조조에게 달려갔어. 조조는 적토마를 보자 자기도 모르게 두 눈을 휘둥그레 떴어.

"오오, 이것이 바로 적토마로구나!"

"승상, 이제 곧 장수들이 힘을 합쳐 여포를 공격할 것입니다. 그때 승상께서 나서서 여포를 공격하십시오."

후성은 여포를 잡을 방법을 조조에게 자세히 말해 주었어.

"총공격하라!"

다음 날 새벽, 동이 트자마자 조조의 군사가 하비성을 공격했어.

여포는 얼마 남지 않은 군사를 끌고 조조 군의 공격을 막아 내느라 지칠 대로 지쳤어. 조조 군의 공격은 해가 질 때까지 계속 이어졌지.

밤이 되자 여포는 완전히 기진맥진한 채 의자에 앉자마자 그대로 잠들어 버렸어. 그때 하비성에 남았던 후성의 동료 장수들이 잠든 여포 곁으로 살금살금 다가갔어. 여포는 깊은 잠에 빠져 있었지. 장수들은 서로 힘을 합쳐 여포를 밧줄로 묶어 버렸어.

"이게 뭐 하는 짓이냐!"

여포가 몸부림치며 공격하려 하자 한 장수가 방천극을 멀리 집어 던졌지.

"왜? 네가 가장 잘하는 짓이지 않으냐?"

"뭐라고!"

여포가 두 눈을 부릅뜨자, 부하 장수들이 코웃음을 치며 말했어.

"그동안 배신하기를 밥 먹듯 하지 않았느냐? 이제 너도 당해 볼 때가 되었지."

하비성 밖으로 방천극이 떨어졌어.

성 밖에서 지켜보던 조조와 유비, 관우, 장비는 여포가 붙잡혔다는 걸 알게 되었지. 하비성 성문이 열리자마자 조조와 유비 삼 형제는 안으로 돌격했어. 여포가 없는 여포 군은 그대로 무너졌어.

여포의 밑에서 여포를 위해 충성을 다하던 부하 진궁마저 조조의 부하들에게 붙잡혔지.

과거에 진궁은 동탁에게 쫓기던 조조를 구해 준 적이 있었어. 그런데 조조가 여백사를 죽이는 모습을 보고, 잔인하고 흉악한 성품이라는 걸 알고 실망했어. 그때 조조를 죽이려 했다가 그냥 떠났었지.

세월이 흐르고 흘러 이번에는 조조가 진궁을 잡은 거야. 하지만 조조는 한때 자신의 목숨을 살려 준 진궁을 망설임 없이 죽여 버렸어. 만약 과거에 진궁이 조조를 죽였다면 진궁은 살 수 있었을까? 하지만 역사에 만약이란 없어.

여포는 꽁꽁 묶인 채 비굴한 모습으로 조조 앞으로 끌려왔어.

"여포, 마지막으로 남길 말이 있느냐?"

"승상, 내가 실력 하나는 최고 아니오? 나를 받아 주면 충성을 다하리다. 승상께서 천하통일을 할 수 있게 해 주리다!"

천하 최고의 무예를 갖췄다는 여포가 무릎을 꿇고 머리를 조아리며 살려 달라고 애원했어. 그 모습이 참으로 애처롭고 비겁해 보였지.

조조는 유비에게 물었어.

"여포의 말을 어떻게 생각하십니까?"

"여포는 동탁 밑으로 들어가려고 양아버지를 죽인 자입니다. 또 초선 때문에 동탁마저 죽이고 동탁의 자리를 차지했습니다. 배신을 밥 먹듯이

하는 자의 말을 믿을 수 있겠습니까?"

"여포야, 깨끗하게 죽어라."

조조는 여포를 죽이라는 명령을 내렸어.

"승상, 승상! 내가 목숨을 바쳐 승상을 위해 싸우겠소!"

여포가 애원했지만 조조는 듣지 않았지. 그렇게 여포는 세상에서 사라졌어.

콩 심은 데 콩 나고 팥 심은 데 팥 난다는 말이 있어. 모든 일은 원인에 맞는 결과가 나타나는 법이야. 여포는 과거에 자기가 저질렀던 일 때문에 불행한 죽음을 맞게 되었지.

더 높은 자리로 올라가기 위해 배신에 배신을 더하면서 살아온 가짜 영웅 여포는 결국 자신도 배신을 당해 세상에서 사라졌어.

여포의 남은 장수들과 군사들은 모두 조조에게 항복했어.

"형님들, 여포가 사라졌으니, 우리는 다시 서주성을 되찾는 것이겠지요?"

장비가 유비에게 물었어.

"나도 그런 줄 알았더니, 황제 폐하께서 상을 내린다고 허도*로 오라고 하시는구나."

★ 허창. 조조가 낙양에 있던 황제를 허창으로 옮겨 머물게 하면서 수도, '허도'가 되었다.

황제는 조조가 다스리는 땅인 허도에 머무르고 있었거든.

사실 이건 다 조조의 계략이었어. 조조는 서주를 자기가 갖고, 유비에게 돌려줄 생각이 없었던 거야. 그리고 자기 밑에 유비를 두고 계속 감시하고, 여차하면 없애 버릴 작정이었던 거지.

유비와 관우, 장비도 조조의 계략을 눈치챘어. 장비는 이참에 조조를 없애 버리자고 했지. 하지만 유비는 고개를 저었어.

"아직 우리에게는 조조와 싸울 힘이 많이 부족하다. 하지만 언젠가 기회가 올 것이다."

조조는 유비와 관우, 장비를 거느리고 허도에 도착했어. 조조는 유비를 데리고 황제를 찾아갔지.

그런데 여기서 예상하지 못했던 일이 벌어졌어.

제15장

서주로 돌아간 유비

"유 태수, 폐하께 인사를 올리시오."

"황제 폐하, 소신 유비라 하옵니다."

유비는 황제에게 무릎을 꿇고 인사를 올렸어.

"그대가 유비인가? 이번에 큰 공을 세웠다고 들었네."

황제는 유비에게 어디 출신이냐고 물었어.

"폐하, 저는 효경 황제와 중산정왕의 후손으로, 유웅의 손자이자 유홍의 아들이 되옵니다."

황제도, 옆에서 듣던 조조도, 다른 신하들도 깜짝 놀라 눈이 커졌어.

"그게 사실인가?"

황제는 신하에게 시켜 황실의 족보를 가져오게 하고 그 자리에서 확인했어. 유비는 전한의 황제였던 효경 황제의 일곱째 아들인 중산정왕의 후예가 맞았지.

"오호, 그렇다면 유비 그대는 짐의 숙부가 되는 것이네!"

황제는 유비에게 황제의 숙부, 즉 황숙이라는 호칭을 내리고, 좌장군 의성 정후라는 벼슬도 내렸어.

"유 황숙, 앞으로 짐과 가깝게 지내면서 한나라를 부강하게 다스릴 방법을 알려 주게."

"성은이 망극하옵니다."

사실 황제가 유비를 가까이 두려는 건 이유가 있었지. 황제는 유비를 자기편으로 만들어서 황실의 힘을 키우고 싶었던 거야.

황제가 유비를 아끼는 모습을 본 조조는 초조한 마음이 들었지.

'쳇, 저러다가 유비가 나보다 높은 벼슬을 얻는 건 아니겠지?'

조조가 불안해하자 부하들이 소곤거렸어.

"승상, 유비는 무서운 인물입니다. 이참에 없애 버리십시오."

"흠!"

조조는 망설였어. 하지만 아직 유비를 죽일 때가 아니라고 생각했지.

"걱정하지 마라. 내가 황제의 명령을 대신 내릴 수 있지 않느냐? 유비에게 황제의 명령이라고 하고 내가 명령을 내리면 따르지 않을 수가 없다. 유비를 허도에 묶어 두는 게 가장 좋아. 내 눈에 보이는 곳에."

"하지만 황제가 날마다 유비를 불러 곁에 둔다고 합니다."

"그렇다면 황제 위에 누가 있는지 보여 줘야겠지."

며칠 후, 조조는 황제를 위해 사냥 대회를 열었어. 그리고 황제와 함께 말을 타고 달리며 사냥하기 시작했지.

"엇, 저기 토끼가 있소!"

황제가 수풀 속에 숨어 있는 토끼를 가리켰어. 그러자 유비가 얼른 활을 쏘아 토끼를 맞혔어.

"황숙은 사냥 실력까지 대단하시구려!"

황제는 유비의 솜씨를 칭찬하며 기뻐했어. 그런 뒤 숲에서 나타난 사슴을 황제가 쏘았지만, 안타깝게 빗나가고 말았지.

"승상, 그대가 저 사슴을 잡아 보겠소?"

그러자 조조가 황제의 활을 확 빼앗아 사슴을 향해 활을 쏘았어. 화살은 사슴의 목에 명중했지. 황제는 놀라서 소리를 지를 뻔했지만 아무 말 못 했어.

"황제 폐하, 만세!"

쓰러진 사슴을 살펴본 군사들이 황제가 사슴을 잡았다며 기뻐했어. 사슴의 목에 박힌 화살이 황제의 것이었기 때문에 그런 줄 알았던 거야.

그러자 조조가 싸늘한 표정을 지으며 말했어.

"아니, 그 사슴은 내가 잡은 것이다."

갑자기 분위기가 싸늘해졌어. 황제의 표정은 딱딱하게 굳었어. 조조는 사람들에게 황제를 대신해서 자신이 화살을 쏜 것이라며 자랑을 해 댔지. 조조는 일부러 황제를 무시한 거야. 그래서 사람들 앞에서 큰 소리로 자신의 공을 자랑했던 것이지.

"에잇! 저런 버릇없는 자를 봤나! 용서할 수 없다."

보다 못한 관우가 얼굴을 일그러트리며 칼을 빼어 들려고 했어. 그러자 유비가 관우를 말렸지.

"관우는 자중하라."

"형님, 조조가 황제 폐하를 업신여기는 것을 보고서도 그런 말씀을 하십니까?"

"지금은 때가 아니다."

유비는 관우에게 참으라고 말했어. 그러면서 조조에게 다가가 점잖게 칭찬했어.

"활 솜씨가 대단하십니다."

사냥이 끝나고 숙소로 돌아온 유비는 관우와 장비에게 말했어.

"조조는 일부러 우리 형제를 자극한 것이다."

"예?"

"만약 그 자리에서 네가 칼을 빼 들었다면 조조는 틀림없이 황제와 나를 죽였을 것이다. 조조는 우리를 시험하려고 했던 거야."

그 말에 관우가 고개를 숙였어.

"제가 실수를 했습니다, 형님."

"앞으로 어떤 일이든 침착해야 한다."

유비는 그런 관우의 어깨를 토닥이며 말했지.

사냥터에서 돌아온 조조는 아쉬운 표정으로 화살을 노려보았어.

"아까 유비가 앞으로 나서서 나를 말렸더라면 그 자리에서 없앨 수 있었는데!"

사실 조조 역시 유비를 죽여야겠다고 생각하긴 마찬가지였어. 자신의 앞길에 큰 방해가 될 거라 여겼거든. 적절한 때를 노리고 있었지만 유비가 반응하지 않은 까닭에 다음을 기약할 수밖에 없었어.

과연 황제는 조조의 손아귀에서 벗어나 황실을 튼튼히 세울 수 있을까? 유비는 황제를 위해 어떤 일을 할 수 있을까?

황제가 머무는 허도에서 조조의 감시를 받으며 지내던 유비는 답답해서 견딜 수 없었어.

그러던 어느 날, 동승에게 편지 한 통을 전달받았어. 동승은 황제의 후

궁 동 귀비의 아버지야. 황제는 동 귀비와 동승을 믿고 목숨을 걸고 편지를 보냈던 거야. 그건 황제가 보낸 비밀 편지였지.

> 황숙, 역적 조조를 죽이고
> 부디 한나라를 구해 주십시오!

붉은색으로 얼룩진 그 편지는 황제가 손가락을 깨물어서 피로 쓴 혈서였어. 유비는 편지를 읽고 당황해서 어쩔 줄을 몰랐어. 그 편지 속에는 또 다른 편지도 들어 있었어. 조조를 죽이는 일에 함께하자고 맹세한 신하 여섯 명의 이름이 적혀 있었지.

유비는 지난번 사냥터에서 있었던 일을 떠올렸어. 안 그래도 조조가 황제를 무시하고 함부로 대하는 것이 마음에 계속 걸렸거든. 유비는 망설임 없이 조조를 없애는 데 함께하는 일곱 번째의 충신으로 편지에 기꺼이 서명했어.

'어떻게 하면 조조를 없앨 수 있을까?'

유비는 고민했어.

'지금은 내 힘이 너무 약해서 조조에게 맞서는 건 불가능한 일이야. 조조의 눈을 속여서 일단 벗어나야 해. 그다음에 힘을 키워 조조를 공격하는 게 좋겠어.'

하지만 조조의 감시가 너무 심했기 때문에 조조를 안심시킬 필요가 있었어. 유비가 조조에게 위협이 되는 존재가 아니라는 확신을 심어 주어야 했어. 그래서 일부러 허술한 척하고, 틈만 나면 두 동생을 데리고 나가서 농사를 지었어.

그러던 어느 날 유비는 조조를 찾아가서 자신은 그만 서주로 돌아가고 싶다고 말했어. 조조가 고개를 갸웃했지.

"어째서입니까? 궁궐에서 황제를 모시며 사는 게 좋지 않습니까? 수도에 있으면 세상 돌아가는 것이 한눈에 보이고요."

"저처럼 그릇이 작은 사람은 시골이 더 어울리는 것 같습니다. 아우들을 데리고 시골에 가서 농사나 짓겠습니다."

하지만 의심 많은 조조는 유비가 하는 말을 곧이곧대로 받아들이지 않았어.

'유비와 같은 인물이 시골로 가서 농사를 짓겠다고? 아니, 뭔가 꿍꿍이가 있을 것이야!'

이렇게 생각한 조조는 유비를 계속 감시했어. 유비가 날마다 밭에 나가 실제로 농사를 짓는다는 것도 알게 되었지.

'정말 농사나 짓고 있다고?'

하루는 조조가 유비의 속마음을 알아보려고 자기 집으로 초대했어.

"저와 함께 술이나 한잔합시다."

"네, 좋습니다!"

유비는 술을 무척 좋아하는 것처럼 대꾸했어.

함께 술을 마시며 조조는 유비의 모습을 유심히 지켜보았어. 그러고는 불쑥 이렇게 물었어.

"유 황숙은 천하를 돌며 많은 인물을 만나지 않았습니까? 천하의 영웅은 누구인 것 같습니까?"

"회남 땅의 원술 아니겠습니까? 스스로 황제의 자리에 오르지 않았습니까?"

"푸하하, 원술이 영웅이라니요. 옥새가 있다고 황제가 됩니까? 원술이야말로 속 좁고 하찮은 인물입니다. 목숨만 붙어 있지 얼마 가지 못할 것입니다."

"그렇다면 원술의 사촌 형인 하북의 원소*가 영웅이 아닐까요? 사세삼공 명문 집안의 후손 아닙니까?"

"크하하, 원소는 소심하고 우유부단합니다. 그 정도 인물이 영웅이라니요."

조조가 비웃자, 유비가 다시 물었어.

"강동의 손책은 어떻습니까? 손자병법을 쓴 손무의 자손이면서 강동의 호랑이 손견의 아들 아닙니까?"

조조는 고개를 흔들었어.

"유 황숙, 영웅이란 천하를 가지려는 큰 뜻을 품은 용과 같습니다. 나는 지금 천하에 단 두 명의 영웅이 있다고 생각합니다. 바로 유비와 조조입니다."

유비는 가슴이 철렁 내려앉아 자기도 모르게 젓가락을 떨어뜨리고 말았어. 조조가 만약 자신을 그 정도로 높이 평가한다면 경쟁자인 자기를 죽일 거라 생각했던 거야.

마침 하늘에서 소나기가 쏟아지기 시작했어. 콰르릉! 번개가 번쩍하더니 하늘이 무너질 듯 요란한 천둥소리가 들려왔어.

"으악!"

★ 한나라의 명문가 원씨 자손이다. 사세삼공이란 4대가 삼공(최고의 높은 관직)에 오른 집안이란 뜻으로, 원씨 집안이 대대로 이어 내려오는 부와 권력이 어마어마했음을 말한다. 원소와 원술은 사촌 사이였으나 서로 믿지 않고 자기가 필요할 때 이용하려고만 했다.

그 순간 유비가 비명을 지르며 머리를 감싸 쥐었어.

"유 황숙, 왜 그러십니까?"

"처, 천둥소리에 놀라서 그만!"

유비는 손을 파르르 떨었어. 그 모습을 본 조조는 한심하게 여기며 피식 비웃음을 흘렸어.

"참내, 이깟 천둥이 뭐가 무섭다고 그러십니까?"

"저는 어려서부터 천둥소리만 들리면 자다가 오줌을 지리곤 했습니다. 천둥 번개가 정말 싫습니다!"

유비가 벌벌 떨면서 말하자 조조가 웃음을 터트렸어. 유비의 연극에 속은 조조는 유비를 겁쟁이라고 생각했던 거야. 유비는 그제야 목숨을 구했다면서 마음을 놓고 집으로 돌아왔어.

얼마 뒤, 조조가 다시 유비를 불렀어.

유비는 조조를 통해 슬픈 소식을 전해 들었어. 원소가 공손찬*을 공격해 큰 승리를 거두었다는 거야.

"원소의 군사가 몰래 굴을 파서 성안으로 들어가 공격했다고 합니다."

"공 태수는 어떻게 되셨습니까?"

"공 태수는 자기 손으로 가족을 모두 죽이고, 자신도 스스로 목숨을 끊었다고 합니다."

"으흡!"

유비의 안색이 매우 어두워졌어.

"유 황숙, 왜 그러십니까?"

"공 태수는 저의 오랜 친구입니다. 저는 그분 덕분에 벼슬을 할 수 있었습니다."

유비는 눈물을 뚝뚝 흘리며 슬퍼했어.

★ 북평 태수. 노식 밑에서 유비와 함께 공부했던 동문으로, 유비보다 나이가 많아 유비가 형님으로 모셨다. 유비가 갈 곳이 없을 때 도와주기도 하고, 유비가 황건적을 무찌른 성과를 제대로 평가받도록 도움을 준 인물이다.

"안타까운 일입니다. 그나저나 유 황숙, 원술이 황제 놀이가 싫증 났는지 옥새를 원소에게 바치겠다며 하북으로 가려고 한답니다. 하북의 넓은 땅을 차지한 원소가 북평을 점령한 데다 원술까지 합세하게 되면 원소의 세력은 엄청나게 커져서 천하를 집어삼키기 위해 우리 쪽으로 쳐들어올 수 있습니다."

얕보았던 원소의 세력이 커져 조조의 근심거리가 된 것이었지.

그러자 유비는 조조의 눈치를 살피다가 조심스럽게 말을 꺼냈어.

"승상, 부탁이 있습니다."

"무슨 부탁입니까?"

"제가 공손찬의 원수를 갚을 수 있도록 기회를 주십시오."

"어떻게 말입니까?"

"저에게 군사 5만 명을 빌려주신다면, 원씨 가문을 무찌르겠습니다!"

유비의 말에 조조가 눈살을 찌푸렸어.

유비가 5만 명이라는 군사를 이용해 무엇을 하려고 하는지 의심스러웠던 거지.

"저는 서주로 가겠습니다. 원술이 원소가 있는 하북으로 가려면 반드시 서주 땅을 거쳐야 합니다. 서주는 제가 다스리던 곳이니 누구보다 잘 알고 있습니다. 저와 제 아우들이라면 원술 정도는 이길 수 있습니다."

"그거 좋은 생각입니다!"

유비의 말을 들은 조조는 당장 군사를 내주겠다고 약속했어.

유비가 군사를 이끌고 서주로 길을 떠난 뒤, 조조가 이 사실을 부하인 정욱*에게 말했어. 그러자 정욱은 깜짝 놀랐어.

"승상, 유비에게 군사를 5만 명이나 내주고 풀어 주시다니요! 유비를 풀어 준 것은 용을 바다로 보내는 것이나 마찬가지입니다!"

"그럴 리 없다. 유비는 천둥 번개도 무서워하는 겁쟁이 농부에 지나지 않아."

조조는 유비를 깔보듯 말했어. 그러자 정욱은 유비가 틀림없이 연기를 한 거라며 걱정했지.

뒤늦게 불안한 생각이 든 조조는 부하 장수인 허저를 보내 유비를 쫓게 했어. 하지만 유비는 관우, 장비와 함께 이미 군사를 이끌고 꽤 멀리까지 간 상태였지.

"멈추시오! 유 황숙은 당장 돌아오라는 명령을 받드시오!"

허저가 달려가며 소리쳤지만, 유비는 들은 척도 하지 않고 말을 타고 계속 달렸어. 그렇게 유비는 서주 땅으로 유유히 돌아가 버렸지.

"설마 유비가 나를 속인 건 아니겠지? 아니야, 유비를 허도에 두면 황족의 피를 이어받았다는 이유로 따르는 사람들이 점점 많아질 수 있어. 멀리 보내는 게 낫지."

조조는 약간 불안했지만, 이렇게 좋은 쪽으로 생각했어.

★ 조조의 책사 중 한 명이다. 조조에게 바른말을 아끼지 않은 충신이다.

서주로 돌아온 유비는 헤어졌던 가족과 만났어. 그리고 황제가 보낸 편지를 읽고 또 읽었어.

"황제 폐하의 뜻대로 언젠가 반드시 조조의 목을 베어 버리겠습니다!"

유비는 편지를 보며 다짐했어.

유비가 서주로 돌아왔다는 소식을 듣고 손건*과 미축**이 달려왔어. 그들은 한때 유비의 충성스러운 부하였지.

"이렇게 다시 만나 뵙다니 꿈인지 생시인지 모르겠습니다!"

"잘 있었는가?"

"이제 소신들은 죽어도 여한이 없습니다!"

손건과 미축이 눈물을 글썽이자, 유비는 그들의 손을 따뜻하게 잡아 주었어.

"죽다니, 이제부터 시작일세."

"시작이라니요?"

"먼저 우리는 원술의 군사를 무찔러야 하네."

"역적인 원술의 목은 저희가 베겠습니다!"

손건과 미축이 주먹을 꽉 움켜쥐며 소리쳤어.

★ 유비를 적극적으로 도와주는 부하다. 유비가 원소와 연락을 취할 때 편지를 배달하는 일을 도맡았다.

★★ 원래는 서주를 다스리던 도겸의 부하였는데, 서주를 유비에게 맡기자고 도겸에게 건의했다. 유비의 두 번째 부인인 미 부인의 오빠이기도 하다.

원술은 백성을 착취하며 호화스러운 생활에 빠져 있었어. 가난과 배고픔에 시달리던 백성은 다른 땅으로 떠나고 있었지.

그때 곁에 있던 장비가 말했어.

"무슨 소리요? 원술의 목은 이 장비가 벨 것이오."

장비는 자신만만한 표정으로 가슴을 쾅쾅 내리쳤어. 그 모습을 본 사람들은 한바탕 웃음을 터트렸지.

원술은 모든 재산과 부하를 이끌고 원소가 있는 하북으로 향했어. 온갖 사치품과 금은보화를 실은 수레와 군사들이 길게 줄을 이었는데, 그 길이가 수백 리(수십 킬로미터)에 달할 정도였지.

"드디어 출전이다! 공 태수의 원수를 갚을 때다!"

소식을 들은 유비는 군사 5만 명을 이끌고 원술을 쫓아갔어.

원술은 기령에게 유비의 군사들을 무찌르라고 명령했지. 기령은 말을 몰아 유비에게 달려갔어.

"물렀거라! 촌구석에서 돗자리나 짜던 촌놈 주제에 누굴 잡겠다는 것이냐!"

기령이 소리치자, 장비가 장팔사모를 휘두르며 달려 나갔어.

"이놈, 감히 우리 형님을 욕보이다니! 오냐, 너는 이 돼지나 잡던 장비의 손에 죽을 것이다!"

장비를 본 기령이 창을 매섭게 휘둘렀어.

하지만 장비가 누구야? 번쩍! 장팔사모가 빛나는 순간, 기령은 숨이 끊어져 말에서 바닥으로 털썩 떨어져 버리고 말았어.

"와, 적장이 죽었다!"

"장비, 만세!"

"모두 공격하라! 원술을 잡아라!"

힘이 솟은 유비의 군사들은 일제히 원술의 군사를 공격하기 시작했고 당황한 원술은 부하 몇 명과 함께 도망쳤지. 유비는 말을 몰아 끝까지 원술을 쫓아갔어.

원술은 유비와 관우, 장비를 피해 계속 도망치느라 며칠째 잠도 제대로 자지 못하고, 밥도 제대로 먹지 못했어. 말도 너무 지친 나머지 쓰러져 죽고 말았을 정도야.

"아아, 이제 더는 도망칠 수 없을 것 같구나!"

원술은 원소가 있는 하북으로 가는 걸 포기했어. 원래 있던 회남으로 돌아갈까도 생각했지만 그것도 쉽지 않았지. 결국 근처에 있던 강정성으로 도망쳤어.

날씨가 몹시 무더웠어. 강정성은 매우 작은 성이라서 식량도 없고, 마실 물도 없었지. 굶주림에 지친 원술의 군사들은 하나둘 떠나거나 쓰러지고 말았어. 원술 주변에는 원윤과 서구라는 부하 말고는 아무도 없었지.

"목이 마르구나. 꿀물을 가져와라."

"꿀물은커녕 핏물밖에 없습니다."

"아, 어쩌다가 내가 이 신세가 되었단 말이냐!"

원술은 바닥에 쓰러진 채 힘겹게 숨을 내쉬었어.

"우웨에엑!"

원술은 피를 엄청나게 토하고는, 옥새를 꼭 품은 채로 자기가 토한 피 웅덩이에 쓰러져 숨을 거두었어. 옥새를 갖고 스스로 황제가 되어 백성을 착취하던 가짜 영웅은 그렇게 비참한 모습으로 세상을 떠났어.

제16장

함정에 빠진 관우

원술이 죽자 부하 서구는 제 살길만 걱정했어.

"내 목숨이라도 건져야지."

서구는 원술의 옥새를 훔쳐 달아났어. 그리고 조조에게 달려갔지.

"승상, 이 옥새를 바치겠습니다. 제발 저를 살려 주십시오!"

옥새를 받은 조조는 몹시 기뻤어.

"이것이 바로 대대로 전해졌다는 전국 옥새인가? 이제 내가 이 나라의 황제가 되는 것인가!"

전국 옥새란 나라와 왕조를 이어 전승되어 온 옥새를 말해. 아직 황제가 살아 있지만 조조는 옥새를 갖게 된 것만으로도 황제가 된 듯한 기분이었어. 그런데 유비가 자신이 내준 군사 5만 명을 이끌고 서주로 돌아가 그곳을 다스리고 있다는 소식을 듣고는 마냥 웃고 있을 수만은 없었지.

조조는 유비에게 사신을 보내 군사들을 돌려달라고 했어. 하지만 유비

는 서주를 지켜야 한다는 구실로 군사를 돌려주지 않았어. 그러니 조조의 마음이 더욱 불편해질 수밖에 없었지.

'유비 그놈을 죽여야 하나, 그냥 두어야 하나! 호랑이를 산에 풀어놓은 꼴은 아닐까?'

사실 유비도 똑같은 걱정을 하고 있었어.

"조조가 쳐들어오는 건 아닌지 걱정이오. 군사 5만을 돌려주는 게 낫겠소, 아니면 이대로 버티는 게 낫겠소?"

그때 진등*이 말했어.

"원소에게 도움을 청하십시오."

"원소에게? 내가 그의 동생 원술을 죽였는데 어떻게 도움을 청할 수 있겠소?"

"원술을 죽인 건 조조의 명령이었다고 하십시오. 원소의 도움을 받는다면 조조도 감히 우리를 공격하지 못할 것입니다."

"허허!"

유비는 고민 끝에 원소에게 편지를 보냈어.

그 편지를 본 원소는 불같이 화를 냈지.

"내 동생이 누구 때문에 죽었는데!"

원소는 자기 동생을 죽인 유비를 당장이라도 찢어 죽이고 싶다며 길길

★ 진규의 아들. 여포가 서주를 점령해 여포 밑에 있었으나 여포를 잡기 위해 조조 편에 섰다가 나중에는 유비 곁으로 돌아왔다. 나중에 다시 조조 편에 선다.

이 날뛰었어. 하지만 신하들이 나서서 원소를 말렸어.

"유비를 받아 주십시오. 조조를 공격하려면 유비와 손을 잡을 수밖에 없습니다."

"그건 무슨 소리인가?"

"맞습니다. 유비는 조조가 두려워하는 영웅 중의 영웅입니다. 그런 유비와 손을 잡는다면 조조를 이길 수 있을 것입니다. 망설이지 말고 지금 당장 조조를 공격하십시오!"

"좋다! 유비에게 편지를 보내라. 함께 조조를 공격하자고."

"예!"

"군사를 일으켜라! 지금이야말로 역적 조조를 처단하고, 천하를 가질 기회다."

원소는 안량과 문추를 장군으로 삼아 기마병 15만, 보병 15만, 합쳐서 30만 대군을 일으켜 조조를 공격하기 위해 출전했어.

원소의 30만 대군이 몰려온다는 소식을 듣고 조조의 부하들은 걱정했어. 그러나 조조는 기세등등하게 말했지.

"원소는 지혜도 없고 배짱도 없는 놈이니 겁먹을 것 없다! 원소가 다스리는 하북은 땅이 기름져서 식량이 풍부하니 내가 반드시 원소를 무찔러 하북의 주인이 될 것이다."

조조는 원소보다 먼저 해결해야 할 일이 있다고 했어.

"원소가 공격하기 전에 유비부터 없애야 해!"

조조는 유대와 왕충, 두 장수에게 5만 명의 군사를 주며, 서주로 가서 유비를 없애라고 명령했어. 하지만 유비에게는 관우와 장비가 있잖아. 유대와 왕충은 아예 관우와 장비의 상대가 되지 못했어. 둘은 금방 포로로 잡히고 말았지.

유비 앞에 끌려간 유대와 왕충은 목이 베일 것으로 생각하고 벌벌 떨었지만, 오히려 유비는 잔치를 열고 두 사람을 극진하게 대접했어.

"저는 승상에게 큰 은혜를 입은 적이 있습니다. 그런데 어떻게 제가 승상을 배신하겠습니까? 승상에게 제 진심을 잘 전달해 주십시오."

유비는 이렇게 말하며 유대와 왕충을 풀어 주었어. 하지만 이건 조조의 공격을 피하려는 유비의 작전이었지.

풀려난 유대와 왕충은 조조에게 달려갔어. 두 사람은 유비에게 융숭한 대접을 받았다면서 유비에 대하여 칭찬을 늘어놓았지.

"알고 보니, 유비는 마음이 넓고 덕망이 높은 인물이었습니다. 참으로 보기 드문 사람이라고 생각됩니다."

"맞습니다. 예의 바르기가 이를 데 없는 사람입니다."

"뭐라고? 지금 무슨 말을 하는 것인가? 유비를 베고 오라고 했더니 회유를 당하고 오다니!"

조조는 버럭 화를 내며 유대와 왕충의 장군 지위를 빼앗고 강등시켜 버렸어.

그 즈음 유비는 서주를 떠나 소패성으로 옮겨 가기로 했어. 서주성은 많은 수의 적을 상대하기에 적합한 곳이 아니었기 때문이야.

유비가 관우에게 말했어.

"너는 가족들을 데리고 하비성으로 가거라."

"형님, 저도 싸우고 싶습니다."

"네가 가족들을 지켜 준다면 모두 있는 힘껏 싸울 수 있을 것이야. 네 임무가 가장 크고 중요하다."

"네!"

이렇게 해서 관우는 장수의 가족들을 데리고 하비성으로 가고, 유비는 장비와 함께 소패성으로 물러났어.

한편, 하북에서 내려온 원소의 30만 대군은 황하에 도착했어. 황하를 사이에 두고 조조 군과 원소 군이 서로 대치했지. 금방이라도 전쟁이 일어날 것 같았지만, 양편 모두 움직이지 않고 시간만 흘렀어. 사실 원소 쪽은 부하들끼리 다툼을 벌이느라 바빴던 건데 조조는 전쟁이 싱거워지자 부하들만 두고 허도로 돌아가 버렸어.

그렇게 시간이 흐르고 흘러 어느덧 다음 해가 되었어. 어느 날, 황제에게 무서운 사건이 일어났어. 황제가 역적 조조를 죽이라는 내용의 혈서를 썼다는 사실이 조조 귀에 들어간 거야.

"감히 나를 죽이려 했다고?"

그리고 그 편지를 받은 사람이 바로 유비였다는 사실도 알게 되었지.

"유비 이놈을 가만두지 않으리라!"

조조는 자신을 죽이기 위해 뜻을 모으고 혈서를 쓴 신하들을 모조리 잡아들였어. 동승도 붙잡혔어. 조조는 황제가 보는 앞에서 신하들과 그 가족 등 700명이 넘는 사람들을 모조리 죽여 버렸지.

화가 난 조조는 황제마저 죽이려다가 신하들이 말리는 바람에 그만두었어. 황제를 살려 두는 게 아직은 쓸모가 있다고 여긴 거야.

"아직 서량 태수 마등과 서주의 유비는 죽이지 못했구나! 당장 그들을 없애야겠다!"

조조는 원소의 군사가 눈앞에 버티고 있음에도 불구하고 유비를 먼저 공격하기로 마음먹었어. 그러고는 20만 대군을 직접 이끌고 유비를 처단하기 위해 출전했어.

"조조가 내 목을 노리고 서주로 쳐들어온다."

유비는 군사들을 정비했어. 하지만 자신이 가진 군사로 20만 대군을 이길 수는 없어 보였지. 유비는 다급히 원소에게 사신을 보내 군사를 서주로 보내 달라고 요청했어. 그런데 원소는 아들이 아프다는 이유를 대며 군사를 보내 주지 않았어.

"아! 우리 힘으로는 조조를 막을 수 없는데, 어쩌면 좋겠느냐?"

유비의 근심은 점점 커져만 갔어.

"형님, 조조 군은 먼 길을 왔으니 몹시 지쳐 있을 겁니다. 밤에 몰래 습격하면 이길 수가 있습니다."

장비의 말을 들은 유비는 옳다고 생각했어. 그래서 깊은 밤에 공격하기로 작전을 세우고 준비했지.

그런데 참 이상한 일이 생겼어. 조조의 대군이 유비가 있는 소패성 근처에 왔을 때 갑자기 동남쪽에서 바람이 휘몰아치더니 조조 군의 깃발이 뚝 부러졌어. 순욱이 그걸 보더니 앞날을 점쳤어.

"승상, 이건 오늘 밤에 유비가 습격할 것을 뜻합니다. 대비하셔야겠습니다."

"하늘이 나를 도왔구나. 모두 습격에 대비해라."

조조는 군사를 아홉 부대로 나누어서 몰래 숨어 있었어.

그날 밤, 유비와 장비는 군사를 이끌고 조조 군의 진지를 습격했어. 그런데 진지 안에 군사가 단 한 명도 보이지 않는 거야. 어리둥절해 있는 유비 군을 향해 난데없이 사방에서 불화살이 쏟아졌어.

"으악! 우리가 함정에 빠졌구나!"

"공격하라!"

조조의 20만 대군이 물밀듯 밀려왔어. 유비는 죽을힘을 다해 조조의 공격을 막으려 했지. 유비 곁에 딱 붙어선 장비는 조조의 군사를 향해 장팔사모를 휘둘렀지만, 수많은 적을 당해 낼 수는 없었어.

"형님, 동쪽에서 장료가, 서쪽에서 허저가, 동북쪽에서 하후돈이, 서북쪽에서 하후연이, 남쪽에서 우금이, 동남쪽에서 서황이, 서남쪽에서 악진이, 북쪽에서 이전이 쳐들어오고 있습니다!"

조조 군이 여덟 방향에서 공격해 들어오는 통에 유비 군은 풍비박산이 되고 말았어.

"유비를 잡아라!"

"장비를 죽여라!"

조조의 군사들은 유비의 목을 가져가면 큰 상을 받을 수 있다고 소리쳤어.

역습으로 소패성까지 조조에게 빼앗긴 유비는 군사들을 모두 잃고 장비와 함께 간신히 몸만 챙겨 도망쳐야 했어.

"형님, 일단 숲으로 몸을 숨깁시다."

"소, 소패성이 불탄다!"

유비는 불타는 소패성을 보고 두 눈을 부릅떴어. 조조의 군사들이 소패성에 불을 지른 거야. 유비는 불길에 휩싸인 소패성을 보며 탄식했어.

"아아, 우리가 조조에게 패했구나!"

"형님, 이제 우리는 어디로 갑니까?"

유비와 장비는 조조 군에게 쫓기다가 서로 헤어지고 말았어. 유비는

부하 몇을 이끌고 조조 군의 추격을 피해 기주로 향했어.

"일단 원소에게 가자. 원소라면 우리를 받아 줄 것이다."

유비는 원소에게 달려가 도움을 청했어. 원소에게 무릎을 꿇는 건 죽기보다 더 싫었지만, 하비성에 남아 있는 자신과 다른 장수들의 가족을 위해서는 어쩔 수 없는 일이었지.

소패성을 함락한 조조는 군사를 이끌고 서주성으로 쳐들어갔어. 서주성은 유비의 부하인 미축과 간옹이 지키고 있었지만, 조조의 대군을 막지 못하고 서주성을 버린 채 도망칠 수밖에 없었어. 남아 있던 진등이 성문을 열어 조조를 맞이했지.

"크하하하! 서주성이 한나절 만에 우리 손에 들어왔구나."

조조는 도망친 유비와 장비를 잡으려고 했지만, 어디로 갔는지 알 길이 없었지.

순욱은 하비성을 쳐야 한다고 했어.

"승상, 하비성은 외진 곳에 있는 데다 성을 지키는 군사도 얼마 없으니 지금 당장 쳐들어가면 성을 차지하는 것은 식은 죽 먹기일 것입니다."

"음, 하비성까지?"

하지만 부하 장수들의 말에도 조조는 쉽게 마음을 정하지 못했어. 부하들은 성을 점령하는 것을 망설이는 조조가 너무 이상했지.

정욱이 눈치를 살피며 물었어.

"승상, 무슨 고민이 있으십니까?"

"하비성을 지키는 장수는 관우가 아니냐?"

"예, 그렇습니다. 그곳엔 유비의 가족도 함께 있다고 합니다."

"하비성을 공격하면 관우는 죽음으로 맞서 싸우겠지?"

"맞습니다. 관우가 제아무리 실력이 뛰어나다고 하여도 우리 군사 수만 명을 당해 낼 순 없을 것입니다."

정욱의 말에 조조는 깊은 한숨을 내쉬었어.

"흐음…… 관우는 천하의 명장이다. 나는 관우를 적이 아니라 부하로 삼고 싶구나."

하지만 관우가 쉽게 항복할 사람이 아니라는 것을 조조 역시 잘 알고 있었지.

그러자 정욱이 꾀를 냈어.

"승상, 관우를 얻고 싶다면 하비성에 있는 유비의 가족들을 인질로 삼으십시오. 그들을 살려 준다고 약속하면 관우는 승상의 부하가 될 수밖에 없을 것입니다."

"유비의 가족을 살려 두잔 말이냐?"

하지만 조조는 관우를 얻으려면 그 방법밖에 없을 거라는 정욱의 말에 고개를 끄덕였어.

그때 부하 장수 중에서 장요가 나섰어.

"저는 관우와 예전부터 아는 사이입니다. 제가 가서 관우를 설득해 보겠습니다."

조조는 장요를 관우에게 보내기로 했어.

관우는 하비성의 문을 꽁꽁 닫은 채 꼼짝도 하지 않았어. 정욱은 하후돈에게 관우를 성 밖으로 끌어내야 한다고 말했지. 관우가 없을 때 하비성을 차지해야 했거든.

"관우가 얼마나 지독한지 아십니까? 성 밖에 불을 질러도 꼼짝도 하지 않습니다."

"그렇다면 이렇게 해 보시오."

정욱은 하후돈의 귀에다 대고 소곤소곤 말했어. 정욱이 알려 준 방법은 바로 유비를 욕보이는 것이었지.

하후돈은 하비성 앞으로 가서 소리 질렀어.

"관우야, 유비는 벌써 죽어 까마귀밥이 되었다. 너는 형의 죽음을 알고도 성안에 숨어만 있느냐!"

"이 비겁한 관우야, 나와서 유비의 시신을 거두어라!"

그러자 관우는 군사 3천 명을 이끌고 성 밖으로 달려 나왔어. 혹시나 하후돈의 말대로 유비가 죽었다면 그 시신이라도 되찾아야 한다고 생각했던 거야.

관우가 나오자마자 하후돈은 부랴부랴 도망치기 시작했어. 관우는 빠른 속도로 하후돈을 쫓아갔지.

그런데 관우가 성을 비운 사이에, 조조의 군사들이 하비성으로 쳐들어가서 유비의 부인인 미 부인과 감 부인을 인질로 잡아 버렸어. 뒤늦게 자

신이 속았다는 사실을 눈치챈 관우가 하비성으로 돌아가려 했지만, 성은 이미 불타고 있었지.

"아아, 성을 적들에게 빼앗기다니! 이런 큰 죄를 저지르고 유비 형님을 어찌 볼까!"

관우는 자신의 경솔한 행동 때문에 유비의 부인들이 죽음을 맞이했다고 생각했어.

"으ㅎㅎㅎㅎ흑!"

눈물을 흘리던 관우는 차라리 홀로 조조 군과 싸우기로 결심했어. 조조의 목을 베고 자신도 죽어야겠다고 생각한 거야.

관우가 청룡언월도를 높이 치켜들고 말을 달리려는 순간이었어. 장요가 나타나 소리쳤어.

"운장, 나요. 장요!"

"당신이 여긴 어쩐 일이오?"

장요는 칼을 던져 버리고 관우에게 얘기나 나누자고 했어.

"운장, 유 황숙의 두 부인은 살아 있소! 조 승상이 인질로 삼고 있단 말이오!"

"뭐라?"

관우가 두 눈을 부릅떴어.

"승상은 당신을 매우 귀한 장수라고 생각하고 있소이다. 만약 당신이 항복한다면 부인들의 목숨을 살려 주겠다고 약속했소."

"그, 그런!"

관우는 당장이라도 말을 타고 달려가 조조를 베어 버리고 싶었어. 하지만 자신의 복수를 하는 것보다는 유비의 부인들을 지키는 것이 더 중요한 일이라고 생각했지.

"나와 함께 조조에게 갑시다."

장요는 관우를 설득했어.

관우는 몹시 망설이다가 어렵게 입을 열었어.

"알겠소. 허나 세 가지 조건이 있소. 첫째, 나는 조조에게 항복하는 것이 아니라 이 나라의 황제 폐하께 항복하는 것이오. 둘째, 형수님들은 무조건 안전해야 하오. 만약 그분들이 위험에 처한다면 나는 무조건 조조를 죽일 것이오."

"조, 좋소!"

장요가 고개를 끄덕이자, 관우는 나머지 세 번째 조건을 말했어.

"마지막으로, 나는 유비 형님이 죽었다는 사실을 믿지 않소. 만약 유비 형님이 살아 계신다는 소식을 들으면 언제든 형님에게 갈 것이오."

"알겠소. 내가 승상에게 그 조건을 말해 보겠소."

장요는 관우가 말한 세 가지 조건을 조조에게 알렸어. 조조는 오랜 시간 고민을 하다가 말했지.

"좋아, 그 조건을 모두 받아들이도록 하지."

"그럼, 당장 관우에게 이 사실을 알리겠습니다."

"역시 관우는 대단한 장수야!"

조조는 어떤 상황에서도 무릎을 꿇지 않고 당당한 관우의 기백에 더욱 감탄했어.

조조는 유비의 부인들을 극진하게 대접하고 관우에게 온갖 선물을 주었어. 그뿐만 아니라 관우에게 큰 집을 주고 황제에게 데려가 벼슬을 내리기도 했어.

조조는 관우를 위해 사흘마다 잔치를 열었지. 하지만 관우는 잔치에 참석하지도 않고 조조가 보낸 선물을 거들떠보지도 않았어. 조조는 어떻게 해서든 관우의 마음을 얻어서 자기 부하로 만들고 싶었어. 그래서 낡은 옷을 입고 있던 관우를 위해 좋은 옷을 지어서 보내 주기도 했지.

"운장, 역시 멋지구려. 이제 낡은 옷은 버리시오."

그런데 관우는 새 옷 위에 다시 낡은 옷을 입었어.

"이게 무슨 짓이오?"

"승상, 이 옷은 유비 형님이 주신 것입니다. 이 옷을 입고 있으면 형님과 같이 있는 마음입니다. 아무리 새 옷이 좋다 한들 형님이 준 옷보다 좋을 순 없습니다."

조조는 실망했지만 관우를 포기하지 않았어.

하루는 관우가 타는 초라한 말을 보고는 이렇게 말했어.

"흠, 운장! 말이 그게 뭐요! 너무 보잘것없구려."

그러고는 부하에게 당장 좋은 말을 가져오라고 일렀어. 그러자 조조의 부하가 마구간으로 달려가서 몸집이 크고 붉은 털을 가진 말을 데려왔어. 관우는 그 말을 보고 두 눈을 휘둥그레 떴어.

"승상, 이 말은 하루에 천 리(400킬로미터)를 간다는 적토마가 아닙니까?"

"맞소, 천하제일의 무장인 그대에게 가장 어울리는 말인 것 같아 선물로 주려 하오."

그러자 관우의 얼굴에 웃음이 가득 번졌어.

'이번 선물은 맘에 드나 보군.'

조조는 아무리 큰 선물을 주어도 시큰둥했던 관우가 좋아하는 모습을 보고 손뼉을 쳤지.

"금은보화를 받고도 기뻐하는 기색이 없더니 적토마를 받고는 기뻐하는구려!"

"기쁘다마다요. 하루에 천 리를 가는 이 말만 있으면 형님이 계신 곳이 어디든 단숨에 달려갈 수 있을 것 아닙니까? 형님 소식만 들으면 즉시 달려갈 것입니다."

"유비에게 찾아가려고 기뻐했던 것이오?"

관우의 말에 조조는 인상을 찌푸렸어.

"만약 유비가 죽었다면 어떻게 할 것이오?"

"난 이미 형님과 한날한시에 죽기로 굳게 약속했습니다. 유비 형님이 땅속에 계신다면 땅속까지 같이 갈 것입니다."

유비를 향해 그야말로 일편단심이었어.

그 후로도 조조는 관우의 마음을 얻으려고 끊임없이 이런저런 선물을 주었어. 하지만 관우는 적토마 말고는 아무것도 받지 않겠다고 딱 잘라 말했지.

제17장

다시 만난 삼 형제

다시 겨울이 가고, 따뜻한 봄이 되었어. 그동안 추운 날씨 때문에 조조를 공격하지 못하고 기회만 엿보던 원소의 군사들이 차츰 공격을 준비하기 시작했지.

유비는 기주로 가서 원소 밑에서 머무르고 있었어. 몸을 피하면서 장비와도 헤어진 유비는 관우와 장비가 어떻게 되었는지 알 길이 없어서 날마다 애를 태웠지. 원소는 직접 대군을 이끌고 조조가 있는 허도로 향했어.

허도로 가는 길목, 황하 남쪽 강변의 백마라는 곳에서는 조조 군이 기다리고 있었어.

"안량*은 선봉에 서서 조조 군을 무찌르라."

★ 원소의 부하 장수로, 매우 용감무쌍하고 싸움을 잘한다. 또다른 부하 장수인 문추와 함께 '안량 문추'라고 불렸다.

원소는 하북 최고의 장수라 불리는 안량에게 공격 명령을 내렸어.

안량은 조조 군의 장수 송헌과 위속, 서황을 차례대로 격파했어. 조조 군은 사기가 높은 원소 군을 전혀 막아 내지 못했어. 그 소식을 들은 조조는 얼굴색이 어두워졌어.

"이럴 수가! 안량을 막을 장수가 우리에게는 없단 말인가?"

"승상, 이참에 관우를 내보내십시오."

"관우를?"

"관우라면 안량을 감당할 수 있을 것입니다. 지금껏 승상에게 은혜를 입었으니, 공을 세우게 하십시오."

"흐음, 하지만 그러면 관우가 내게 진 빚을 모두 갚았다며 떠나려 할 텐데!"

조조는 결정을 내리지 못하고 망설였어.

그때 정욱이 말했지.

"승상, 관우는 지금 유비가 원소에게 몸을 의탁하고 있다는 사실을 모릅니다. 만약 관우가 원소가 아끼는 장수 안량을 죽인다면 원소는 화가 나서 유비를 죽일 것입니다. 그러면 관우가 그토록 그리워하던 유비가 세상에서 사라질 것이니, 관우가 떠날 일도 없고, 돌아갈 곳도 없을 것입니다."

"옳거니!"

조조는 당장 부하를 보내 관우를 불러들였어.

관우는 금방 달려왔어. 사실 관우는 하루라도 빨리 조조에게서 벗어나고 싶었어. 그런데 조조에게 진 빚을 갚아야 한다는 마음 때문에 떠나지 못했던 거야.

"운장, 안량을 물리쳐 주시오."

"걱정하지 마십시오. 금세 다녀오겠습니다."

관우는 유비가 원소의 도움을 받고 있다는 사실을 꿈에도 모르고 있었어. 청룡언월도를 들고 안량을 향해 달려가는 관우의 뒷모습을 보며 조조는 미소를 지었어.

'관우가 안량을 죽이면 유비는 원소에게 죽는다.'

관우는 적토마를 타고 안량의 군사들이 있는 곳까지 바람처럼 달려갔어.

"안량은 나 관우의 칼을 받아라!"

"이놈이 감히!"

안량이 나서서 창을 빼 들었어. 하지만 관우가 누구야. 하북 최고의 장수라던 안량은 관우의 상대가 되지 못했지. 관우가 청룡언월도를 허공에서 몇 번 가볍게 휘두르는가 싶더니 안량의 숨이 끊어졌어. 고작 열 합도 버티지 못한 싱거운 승부였지. 관우는 말 아래로 굴러떨어진 안량의 시신을 들고 조조에게 돌아왔어.

"크하하, 역시 운장의 실력은 대단하오!"

조조는 모든 것이 자신의 계략대로 잘 돌아가고 있다는 생각에 웃음을 터트렸어.

"제 실력은 제 아우 장비에 비하면 아무것도 아닙니다. 제 아우는 백만 대군 속에 있는 적장도 가볍게 없앱니다. 자기 주머니 속에 있는 물건 꺼내듯이 말입니다."

관우의 말에 조조와 부하들은 섬뜩한 느낌이 들었어.

한편 원소 군 진영에서는 난리가 났어.

"안량이 죽었다고? 조조에게 안량보다 더 센 장수가 있었단 말이냐?"

소식을 들은 원소가 펄쩍 뛰었어.

"그게 그러니까, 적장의 이름이 관우라고 합니다."

"유비의 동생 관우 말이냐?"

원소는 당장 유비를 불러 불같이 화를 냈어.

"유비 이놈, 관우를 시켜서 감히 내 부하 안량을 죽이다니, 이건 나에 대한 모독이야!"

원소는 길길이 날뛰었어.

"관우가 그랬다고요? 그럴 리 없습니다. 분명 관우가 한 짓이 아닐 것입니다."

유비는 자신이 나서서 안량을 죽인 장수를 붙잡아 오겠다고 말했어. 하지만 안량이 싸우는 모습을 지켜본 많은 장수들이 전쟁터에서 본 사람은 관우가 틀림없다고 말했지. 원소는 군사들에게 명령했어.

"여봐라! 당장 유비를 처형해라!"

"원 장군, 저는 동생들과 헤어져 관우가 죽었는지 살았는지도 몰랐습니다. 그런데 어떻게 관우에게 연락하겠습니까? 만약 관우가 안량을 죽였다면 그것은 조조의 계략일 것입니다. 장군이 나를 죽이게 만들기 위한 것입니다!"

네가 감히 동생을 시켜 내 장수를 죽여?

유비의 말을 들은 원소는 그제야 정신을 가다듬었어. 유비의 말을 듣고 보니 조조의 계략이 틀림없는 것 같았거든.

"그럴 수도 있겠군. 여봐라, 유비를 풀어 주어라."

어물어물하며 결단을 내리지 못하는 원소의 우유부단한 성격 덕분에 유비는 간신히 목숨을 구했어.

"유 황숙, 관우를 이곳으로 데려올 수 있겠소?"

원소는 언제 화를 냈냐는 듯이 태연하게 표정을 바꾸고는 물었어.

"그럼요. 관우에게 내가 살아 있다는 사실을 알린다면 반드시 올 것입니다."

원소는 문추를 불렀어.

"너에게 10만 명의 군사를 내주마. 당장 전장으로 가서 조조 군을 물리쳐라."

문추는 안량과 형제처럼 지내 온 장수였어. 문추는 안량의 복수를 하고 돌아오겠다고 다짐했어. 유비는 자기도 문추와 함께 전쟁에 나가고 싶다고 했어. 이번 기회에 조조를 쳐서 오해를 풀고 원소에게 은혜도 갚고 싶다고 말이야.

"좋소. 문추를 선봉에 세우고, 뒤를 따르시오."

이렇게 해서 유비는 원소의 군사들과 함께 배를 타고 황하를 건너갔어.

사실 유비가 출전하겠다는 이유는 따로 있었어. 유비는 조조와 싸우려고 가는 게 아니라, 관우가 진짜 살아 있는지 알고 싶었던 거야.

원소 군이 쳐들어오고 있다는 소식을 들은 조조는 계략을 짰어. 문추를 잡을 덫이었어.

조조는 식량을 수레에 싣고 이동하는 부대를 계곡 사이로 보냈지. 이를 알게 된 문추는 조조의 식량을 모조리 빼앗아 버려야겠다고 작정하고 계곡 사이로 들어갔어.

그런데 계곡 위에 숨어 있던 조조의 군사들이 일제히 공격한 거야. 문추는 용감무쌍하게 조조의 군사들을 무찌르며 포위망을 헤쳐 나왔어. 그런데 털빛이 붉은 말을 탄 사내가 창을 들고 기다리고 있었어.

"넌 누구냐?"

"관우다."

"이놈! 안량의 복수를 해 주마. 이랴!"

하지만 번쩍하고 청룡언월도가 허공에서 빛나는가 싶더니, 문추는 이미 이 세상 사람이 아니었어. 대장으로 나선 문추가 죽었다는 사실을 알고 원소 군은 우르르 도망치기 바빴어.

관우가 문추를 죽였다는 소식을 들은 유비는 조조의 군사들을 유심히 살폈어. 그리고 그 속에서 관우의 모습을 찾아냈어.

"아, 살아 있었구나! 살아 있어서 고맙다."

유비는 눈물을 흘렸어. 당장 관우에게 가고 싶었지만, 관우 바로 옆에 조조가 있어서 갈 수가 없었지. 유비는 조조와 싸우지 않고 군사를 이끌고 그대로 후퇴해서 원소 진영으로 돌아왔어.

원소는 안량에 이어 문추까지 관우에게 죽었다는 소식을 듣고는 유비에게 화를 내며 길길이 날뛰었어.

유비는 그런 원소에게 관우를 데려오겠다고 약속했어.

"원 장군, 관우를 데려올 테니 선봉에 세워 조조 군을 공격하십시오!"

"오호, 관우가 온다면 안량과 문추보다 백 배는 나을 것이오."

원소는 마음 같아서는 그대로 밀어붙여 조조의 숨을 끊고 싶었지만 잠시 숨을 고르고 지켜보기로 했어.

조조는 관도까지 군사를 이동시켜 남겨 두고 자신은 허도로 돌아왔어.

"이번 전쟁은 관우가 안량과 문추를 없앤 덕분에 수월하게 이겼다."

조조는 관우에게 큰 상을 내렸지. 하지만 관우는 상을 받지 않겠다고 했어. 조조는 그런 관우에게 기어이 잔치를 베풀어 주겠다고 우겼어.

"정 그러시다면 잔치를 열도록 하십시오. 하지만 나는 술을 마시지 않을 것입니다."

관우가 잔치에 갈 준비를 할 때, 수상한 사람이 관우를 찾아왔어.

"저는 원소 장군의 부하 진진입니다. 관 장군께 유 황숙의 편지를 가져 왔습니다."

"뭐, 뭐라고? 형님이 편지를 보냈다고?"

관우는 떨리는 손으로 황급히 편지를 펼쳐 보았어.

> 운장, 어서 조조 곁을 빠져나오도록 해라.
> 나는 지금 원소의 곁에 있다.
> 네가 사무치도록 보고 싶구나.
> – 유비

유비의 편지를 읽은 관우는 당장 떠날 채비를 하고 유비의 두 부인을 찾았어.

"형수님, 유비 형님이 어디 계시는지 알게 되었습니다."

"정말입니까? 그럼 빨리 떠나도록 해요!"

"그런데 형수님, 저는 조조에게 인사를 하고 가야 합니다."

"그럴 필요가 있습니까? 조조는 형님의 적입니다. 인사를 하러 가면 우리를 보내 주지 않을 것입니다."

유비의 두 부인은 걱정하며 반대했어. 그러나 관우는 고개를 저었지.

"우리가 이곳 허도에 무사히 오게 된 것은 조조 덕분입니다. 올 때 정당하게 왔듯이 갈 때도 정당하게 가는 것이 인간의 도리입니다."

모든 준비를 마친 관우는 조조를 찾아갔어. 하지만 관우가 떠나려고 한다는 사실을 이미 눈치챈 조조는 일부러 관우를 피했어.

"승상은 어디 계신가?"

"지금 몸이 편찮으십니다. 내일 아침에 다시 오십시오."

"그래? 어쩔 수 없군."

관우는 한시라도 빨리 떠나고 싶은 마음을 억누르며 아침이 오기만을 기다렸지. 하지만 아침이 되자 조조는 또 다른 핑계를 대며 저녁에 오라고 말했어. 그렇게 며칠 동안 계속 조조의 집을 찾아갔지만, 조조는 만나 주지 않았어.

"승상, 그동안 감사했습니다."

관우는 할 수 없이 조조의 대문을 향해 인사하고, 조조에게 편지를 남겼어. 그리고 그동안 조조에게 받은 금은보화와 비싼 옷 등을 모두 남겨 두고, 유비의 두 부인을 수레에 태운 후 허도를 떠났어.

"승상, 관우가 성을 떠났다고 합니다. 큰일입니다. 이제 호랑이를 풀어 준 꼴이 되었습니다. 만약 관우가 원소 군으로 들어가 우리에게 쳐들어오면 상대할 장수가 없습니다. 빨리 군사를 끌고 가서 관우를 죽이는 게 좋겠습니다."

부하들은 조조에게 건의했지만, 조조는 고개를 흔들었어.

"나는 관우와 이미 세 가지를 약속했네. 관우는 약속을 지킨 것이야."

조조는 관우가 대단한 영웅이 분명하다면서 유비를 부러워했어.

유비에게 가는 길은 참으로 험난했어. 조조의 땅을 벗어나야 했는데, 곳곳에 반드시 통과해야 하는 관문이 있었어. 이 관문은 조조의 장수들이 철통같이 지키고 있었지.

두 부인이 탄 수레를 끌고 관우는 동령관에 도착했어.

"멈추어라. 관우 말고 다른 사람은 절대 나갈 수 없다!"

관문을 지키는 장수는 감 부인을 인질로 두고 가야만 통과시켜 주겠다고 했어. 그러자 관우가 청룡언월도를 치켜들며 소리쳤지.

"이런 발칙한 자를 봤나! 지금 내 앞을 가로막는 자는 누구든 죽을 것이다."

하지만 장수는 길을 비켜 주지 않았어. 관우는 어쩔 수 없이 장수를 죽여야 했어. 그러자 다른 군사들은 슬금슬금 뒷걸음질을 치며 도망쳤지.

관우는 다섯 개의 관문을 지나면서 모두 여섯 명의 장수를 베었어. 부귀영화를 버리고 오직 유비와의 의리를 지키기 위해 목숨을 걸고 겹겹이 쌓인 난관을 돌파하면서 달리고 또 달린 거야.*

마지막에는 하후돈마저 군사를 끌고 관우를 쫓아왔어. 두 장수가 막 싸우려고 할 때, 장요가 달려와 말을 전했어.

"멈추시오! 승상께서 더 이상 관우를 막아서지 말라고 하셨소."

하후돈은 분했지만 물러서야 했지.

★ 단기천리(單騎千里). 말 한 마리로 천리를 간다는 뜻. 조조를 떠나 유비를 찾아가는 관우의 거침없는 모습에서 유래된 사자성어다.

관우가 끝내 떠났다는 소식을 들은 조조는 아쉬운 듯 한숨을 내쉬며 중얼거렸어.

"허허, 관우는 천하의 충신이로구나. 그만큼 의리 있는 장수가 또 어디 있겠느냐?"

관우의 길을 막는 것은 조조의 장수들만이 아니었어. 산적을 만나기도 했지. 그런데 산적 두목은 관우를 알아보고 머리를 조아렸어.

"제 이름은 주창입니다. 예전에는 황건적이었지요. 부디 저희를 부하로 받아들여 주시면 목숨을 다해 섬기겠습니다."

이렇게 관우를 따르는 군사들이 늘어나기 시작했어.

얼마나 갔을까, 관우가 농사를 짓고 있는 농부에게 물었어.

"여기는 어디인가요?"

"고성이라는 땅입니다. 요즘 새로운 장수들이 자주 찾아오는군요."

"새로운 장수라고요? 또 누가 이곳에 왔단 말인가요?"

"이 고을에는 원래 못된 관리들이 있었습니다. 그런데 몇 달 전에 실력이 아주 뛰어난 장수가 와서 관리들을 내쫓고 저 성에서 머물고 있습니다. 이름이 장비라고 합니다."

"장비라고요?"

관우는 반가워 어쩔 줄 몰랐어. 관우는 서둘러 적토마를 타고 장비에게 달려갔지.

"장비는 들어라, 관우 형님이 왔다!"

그러자 장비가 1천 여 명의 군사를 몰고 성 밖으로 달려 나왔어.

"네 이놈 관우! 형님을 버리고 조조한테 넘어간 나쁜 놈 같으니라고!"

장비는 장팔사모를 휘두르며 다짜고짜 관우에게 달려들었어. 관우는 놀라서 몸을 피하며 물었지.

"장비야, 죽은 줄 알았던 너를 다시 만났는데 이 무슨 짓이냐?"

"네가 조조에게 붙어서 금은보화를 선물로 받고 적토마까지 받았다는 소리는 들었다. 지금 네놈이 탄 말의 빛깔을 보니 그 말이 사실이로구나!"

장비는 다시 장팔사모를 휘두르며 덤볐어. 소문으로 관우가 조조에게 항복했다는 얘기를 듣고 화가 잔뜩 난 것이었지.

"이 뻔뻔한 놈, 용서하지 않을 테다!"

장비가 관우를 향해 달려갈 때, 뒤따라온 수레에서 감 부인이 나와 장비를 향해 소리쳤어.

"멈추세요! 이게 무슨 짓입니까?"

"혀, 형수님!"

장비가 멈칫하자 감부인이 말했어.

"이분은 저희를 지키기 위해 조조에게 무릎을 꿇었던 것입니다. 조조가 엄청난 금은보화를 선물로 주었지만 받지도 않았어요."

"하지만 적토마를 받지 않았소! 저건 조조의 것인데……."

"형님 소식을 들으면 한걸음에 달려가려고 받은 것입니다."

장비는 그제야 오해를 풀었어.

"아이고, 형님! 저도 솔직히 형님이 배신자라고는 믿지 않았소. 그런데 형님이 조조를 도와 원소가 아끼는 장수인 안량과 문추를 죽였다는 소식을 듣게 되었지 뭐요!"

"이리 살아 만나니 참으로 반갑구나!"

"으흐흐흑!"

관우와 장비는 서로를 부둥켜안고 눈물을 흘렸어.

그날 밤 둘은 술잔을 기울이며 그동안 있었던 일을 이야기했지. 관우가 돌아왔다는 소식을 듣고 손건과 미축, 미방 형제가 달려왔어.

"형님은 무사하신가?"

"네, 지금 유 황숙께선 기주성에 계십니다. 관 장군을 보면 정말 반가워하실 것입니다."

"당장 기주성으로 가자!"

"그것이……."

미축과 미방이 서로 눈치를 주고받았어.

"왜 그러는가?"

"실은 유 황숙께서는 원소의 감시를 받고 계십니다."

"원소가 하고 싶은 일이 있으면 뭐든 자유롭게 하라고 말해 놓고는 사람을 붙여 감시하고 있습니다."

"흐음!"

관우는 손건을 기주성으로 보내 유비를 만나도록 했어.

한편 유비는 관우와 장비 그리고 헤어진 가족들을 생각하며 눈물을 삼키고 있었지.

'아아, 우리가 언제 다시 만날 수 있으려나!'

그때 몰래 기주성 안으로 들어온 손건이 유비에게 아우들의 소식을 전해 주었어. 유비는 당장이라도 성문을 박차고 나가 관우와 장비를 만나고 싶었지. 하지만 원소의 감시를 피해 성 밖으로 나가기란 쉬운 일이 아니었어.

"허허!"

유비가 깊은 한숨을 내쉴 때였어. 부하 중 한 명인 간옹이 꾀를 냈지.

"형주의 유표*는 지금 엄청난 힘을 갖고 있습니다. 유표와는 먼 친척이 되시니 도움을 청하면 틀림없이 거절하지 않을 것입니다."

"도움을 청하라고?"

"예. 유표에게 도움을 청해 조조를 공격하겠다고 말하십시오."

"옳거니!"

유비는 당장 원소에게 달려갔어. 그리고 자신이 형주로 가서 군사를 끌고 오겠다고 말했지.

★ 형주 태수. 한나라의 황족으로, 유비와도 먼 친척 사이다. 갈 곳 없는 유비를 받아들이고 능력을 인정해 준다.

"형주로 간단 말이오?"

"예, 형주의 태수인 유표는 저의 먼 친척입니다. 그에게 도움을 청하면 얼마든지 군사를 빌려줄 것입니다. 작은 힘이라도 모아 하루빨리 조조를 몰아내야 하지 않겠습니까?"

"흐음, 좋소."

원소는 유비가 형주로 가도 좋다고 허락해 주었어. 그 덕분에 유비는 원소의 감시를 피해 기주성에서 빠져나올 수 있게 되었지.

"형님!"

유비가 성 밖을 나와 약속한 곳으로 가니 관우의 목소리가 들려왔어. 관우를 본 유비는 손을 맞잡으며 눈물을 글썽였어.

"관우야, 살아 있었구나!"

"형님도 무사하셔서 다행입니다!"

그때 손건이 나섰어.

"머뭇거리고 있을 때가 아닙니다. 원소가 우리를 언제 뒤쫓아 올지 모를 일입니다."

"그래, 서두르세!"

유비 일행은 서둘러 말을 타고 기주를 벗어났어.

"조금만 더 힘을 내십시오. 와우산에 도착하면 주창이 부하들을 데리고 올 것입니다."

유비는 헤어졌던 장수들을 만날 생각에 마음이 들떴어.

그런데 와우산에 도착해 약속 장소로 가 보니, 주창이 혼자 난감한 표정으로 달려왔어. 관우가 어찌 된 일인지를 물었지.

"난데없이 한 장수가 나타나 우리를 공격하고 요새를 차지했습니다. 그 장수의 칼이 어찌나 빠르고 날카로운지 당할 수가 없었습니다."

"감히 누가 이런 짓을!"

관우는 인상을 찌푸렸어.

산 위의 요새에 누군가 칼을 들고 서 있었어. 관우는 청룡언월도를 치켜들며 고함을 질렀어.

"이놈, 꼼짝 마라!"

그러자 낯선 장수가 코웃음을 쳤지.

"이놈이!"

관우가 청룡언월도를 들고 적토마에 오르려고 할 때, 유비가 갑자기 관우의 앞을 가로막았어.

"멈추어라!"

"형님, 갑자기 왜 그러십니까?"

"조자룡* 이다!"

★ 조운. 조자룡이라고 더 많이 불린다. 처음에는 원소의 부하로 있었지만, 원소의 삐뚤어진 성품을 보고 떠난다. 고향으로 돌아가는 길에, 공손찬이 원소의 부하인 문추에게 죽을 고비에 처했을 때, 공손찬의 목숨을 구해 주고 이때부터 공손찬의 부하가 되지만, 유비를 만난 후 훌륭한 인품을 알아보고 부하가 되고 싶다고 청한다. 훗날 유비는 조운을 촉나라의 오호대장에 임명한다.

유비의 목소리를 들은 장수가 멈칫하더니 갑자기 무릎을 털썩 꿇었어.

그는 조운이었어. 조운이 멀리서 유비의 목소리를 알아들은 거야.

"자룡, 여긴 어쩐 일이시오!"

"아, 저는 이제껏 유 공을 찾아다녔습니다."

조운은 공손찬의 부하로 있었지만, 공손찬이 원소에게 무너진 뒤 유비를 찾아 떠돌아다녔던 거야.

"천하를 돌아다니며 여러 주군을 모셨지만 유 공과 같은 큰 인물은 만나지 못하였습니다. 부디 저를 거두어 주십시오. 이날을 기다렸습니다. 제가 주인으로 모실 분은 오직 유 공밖에 없습니다. 주군으로 모시게 해주시면 제 목숨을 바치겠습니다."

조운의 말을 들은 유비는 감격의 눈물을 흘렸어. 조운은 이 근처에 장비가 있다는 소문을 듣고 찾아왔다고 했어. 조운과 유비가 만나 첫눈에 서로를 알아보고, 나중에 함께하자고 한 오래전의 약속이 드디어 이루어진 거야.

이렇게 해서 유비는 소패성에서 크게 패한 이후 뿔뿔이 흩어져야만 했던 가족과 관우, 장비, 조운까지 다시 만나게 되었어. 도원결의를 했던 삼 형제는 다시 하나가 되었지.

삼 형제가 다시 만나 고성에 있다는 소식을 듣고 여남성에 있던 유벽과 공도가 전갈을 보내왔어. 다함께 힘을 합쳐서 조조를 물리치자고 말이야.

"형님, 이럴 게 아니라 여남성으로 가서 군사를 재정비하고 다시 싸웁시다! 여남성의 유벽과 공도 역시 조조에게 이를 갈고 있어요. 조조에게 매운맛을 보여 줍시다!"

"그래, 그러자꾸나."

장비의 말에 유비는 고개를 끄덕였어.

삼 형제가 다시 만나게 되었다는 소식은 금방 입소문을 통해 널리 퍼지게 되었어. 그러자 전투에 패하고 도망쳤던 유비의 군사들이 다시 유비가 있는 여남성으로 모여들기 시작했지.

제18장

조조와 원소의 전쟁

　이 무렵 강동 지역은 매우 부유하고 강력해지고 있었어. 강동을 다스리는 손책은 천하통일을 하기 위해 식량을 꾸준히 모으고 군사를 맹훈련 시키는 등 준비를 착착 해 나가고 있었지. 손책은 아직 젊었지만 선행을 많이 베풀어서 백성들의 존경을 받았어. 그렇게 손책의 앞날은 창창하게 밝을 것만 같았지.

　그러던 어느 날, 손책이 사냥을 나갔는데 부하 몇 명이 손책을 배신하고 공격을 해 왔어. 사실 이들은 손책에게 죽임을 당한 예전 태수의 부하들이었어.

　손책은 창에 찔리고 화살에 맞으며 분투하다가 부하 장수들 덕분에 간신히 목숨을 구할 수 있었어. 하지만 독이 발린 창 때문에 상처가 깊었어. 손책은 독에 중독되어 시름시름 앓게 되었지.

　이때 강동에 이상한 인물이 나타났어. 이름이 '우길'이라는 수상쩍은 노인인데, 못 고치는 병이 없어서 신선이라고까지 소문이 난 거야. 백성들은 우길을 우러러 보았지.

독창에 찔려 앓고 있던 손책은 정상이 아니었어.

"우길은 백성들의 정신을 홀리게 만드는 나쁜 자니 죽여라."

그런데 신하들뿐 아니라 손책의 어머니조차 반대하지 뭐야. 손책은 우길을 죽이지는 못하고 감옥에 가두었지.

그즈음 강동은 오랫동안 비가 오지 않아 극심한 가뭄에 시달리고 있었어. 손책은 우길에게 비를 내리게 하면 풀어 주겠다고 했지. 우길은 제단을 쌓고 하늘에 기도를 올렸어. 그런데 신기하게도 정말 비가 쏟아진 거야.

백성들은 우길이 하늘을 움직이는 신선이라면서 우길을 향해 절을 올렸어. 그러나 손책은 우길을 풀어 주지 않고 칼로 베어 버렸어. 백성들이 우길에게 현혹되는 걸 두고 볼 수 없었던 거야.

그때부터 우길의 귀신이 밤마다 손책을 찾아왔어. 공포에 빠진 손책은 잠을 이루지 못한 채 귀신이 된 우길을 향해 밤새도록 칼을 휘둘렀지. 독에서 완전히 회복되지 못했던 손책은 기력이 더욱 약해지면서 다시 쓰러져 버렸어.

손책은 동생 손권을 불러 반드시 천하를 통일하라는 말을 남긴 채 숨을 거두었어. 이때 손책의 나이는 불과 스물여섯 살이었어. 젊은 군주 소패왕 손책의 후계자는 더욱 어렸지. 손권은 열여덟 어린 나이로 강동의 군주 자리에 올랐어.

"유비 이놈, 나를 속이다니!"

한편 원소는 유비가 헤어졌던 관우와 장비를 만나 여남성에서 군사를 재정비하고 있다는 소식을 듣고 길길이 날뛰었어. 원소는 당장 유비의 목을 베고 말겠다며 군사를 일으키려 했지.

"안 됩니다. 유비보다 더 급한 것이 조조입니다."

"맞습니다. 조조를 먼저 쳐야 합니다."

"그래? 좋다. 그러면 조조부터 처리한 다음 유비를 없애 주마!"

원소는 손책과 동맹을 맺고 조조를 함께 공격하려고 했어. 그런데 손책이 세상을 떠났다는 소식이 들려왔지.

결국 원소는 혼자서 조조를 공격하기로 마음먹고, 자신이 다스리는 넓은 땅(기주, 청주, 병주, 유주)에서 어마어마한 규모의 군사를 일으켰어. 그 수가 무려 70만 명이나 되었어.

"허도로 진격하라! 조조의 목을 베어라!"

이 소식을 들은 조조는 두렵기는커녕 오히려 좋은 기회를 만났다고 생각했어.

"후후훗, 잘되었다. 이참에 원소를 없애 버리고 원소의 땅을 모조리 차지해야겠구나. 출전하라!"

조조는 군사를 이끌고 허도를 출발했어. 그러나 원소의 군사 70만 명에 비해 조조의 군사는 고작 7만 명에 불과했어. 70만 명 대 7만 명! 너무나 무모해 보였던 이 전투가 바로 '관도 대전'이야.

"조조가 군사 7만으로 덤빈다고? 가소롭구나!"

원소는 마음껏 비웃었어. 원소의 대군은 배를 타고 황하를 건넜어.

"와아아아아! 공격하라!"

드넓은 벌판은 77만 대군의 함성으로 가득 찼고, 하늘은 새카맣게 쏟아지는 화살로 어두컴컴할 정도였어.

조조의 하후돈과 허저, 서황, 이전 등의 장수들은 원소의 장합, 고람, 한맹 등의 장수와 치고받고 싸웠어.

일진일퇴, 막상막하! 싸움은 좀처럼 결판이 나지 않았어. 초가을에 시작된 전투는 몇 달 동안 이어져 어느새 겨울이 다가오고 있었지.

원소의 군사와 조조의 군사는 산 하나를 두고 대치하고 있었어. 조조는 식량이 점점 바닥나자 불안해졌지. 아무리 조조라지만 군사 7만으로 70만을 이기기는 어려웠어. 조조가 궁지에 몰리면서 차츰 패색이 짙어지고 있을 때, 뜻밖의 사건이 일어났어.

원소의 충직한 부하였던 허유가 원소에게 실망하고 조조에게 투항한 거야. 허유는 조조의 옛 친구이기도 했어. 허유는 조조에게 원소의 약점을 알려 줬어.

"승상, 원소 군은 식량을 모두 오소에 숨겨 두고 있습니다. 지키는 군사도 별로 없습니다."

그 말을 들은 조조는 즉시 오소로 쳐들어갔어. 그리고 식량을 모조리 불태웠지.

"오소가 불탔다고?"

"예. 그곳이 우리 군사의 식량을 저장해 둔 곳임을 눈치를 챈 것 같습니다!"

소식을 들은 원소는 장합*과 고람을 불러서 곧바로 관도로 쳐들어가라고 지시했어. 조조가 오소로 갔다면 조조의 본진인 관도는 텅 비어 있을 거라고 예상한 거지.

하지만 조조는 이미 원소의 생각을 꿰뚫어 보고 있었어. 허저와 하후돈을 시켜 관도로 오는 길에 숨어 있다가 원소 군을 막도록 했지. 그런데 조조 군을 공격하라고 명령을 받은 장합과 고람은 오히려 조조에게 항복해 버렸어.

"원소 군은 지금 흔들리고 있다! 계속 공격해라!"

조조 군은 기세를 몰아 원소를 몰아붙였어. 식량도 잃고 기습까지 당한 원소의 군사는 싸울 의지 역시 잃어버리고 말았어.

결국 원소 군은 완전히 패배하고 모조리 도망쳐야 했어. 이때 죽은 원소 군의 군사가 8만 명에 달할 정도였어. 원소는 간신히 부하 몇 명만 데리고 도망쳤지. 그렇게 원소의 승리가 당연해 보였던 관도 대전은 조조의 대승으로 끝나 버렸어.

★ 황건적의 난 때부터 활약한 장수. 이후 원소 휘하에 있으며 공손찬과의 싸움에서도 활약했다. 오소에 군을 보강해야 한다고 주장했으나 원소에게 묵살당한 뒤, 오소가 조조에게 넘어가자 조조에게 곧바로 항복했다.

"아아, 분하다!"

간신히 기주성으로 살아 돌아온 원소는 이를 바득바득 갈며 날마다 술을 퍼마셨어. 얼마 후, 원소는 그만 숨을 거두고 말았지. 조조에게 패한 충격이 너무 컸기 때문에 갑자기 죽음을 맞이한 거야.

원소에게는 원담과 원상, 두 아들이 있었어. 원소가 죽고 난 후, 원담과 원상은 서로 기주 땅을 차지하려고 싸웠고, 기주는 혼란에 빠졌어.

이런 틈을 노려 조조는 기주를 공격해 원담을 죽였어. 원상은 요동으로 도망쳤는데, 태수였던 공손강에게 목숨을 잃었지. 사세삼공의 명문 집안인 원씨 가문은 이렇게 멸망하고 말았어.

"아! 하늘이 이 조조를 위해 움직이는구나! 골칫덩어리 손책에 원소까지 죽다니!"

조조가 통쾌하게 웃음을 터트렸어.

원소가 다스리던 황하 이북의 넓디넓은 땅을 집어삼킨 조조의 세력은 더욱 강력해져 천하의 일인자가 되었지. 조조는 다음 차례로 손책이 죽은 강동을 공격하려고 했어. 하지만 부하들이 반대했어.

"지금 강동은 손책의 아우 손권의 차지가 되었습니다. 손권이 비록 나이는 어리지만, 탁월한 능력을 갖추고 있다고 합니다. 손권은 무슨 수를 쓰든 강동을 지켜내려 할 것입니다."

"맞습니다. 강동은 지금 백성과 군주가 하나로 똘똘 뭉친 상태입니다. 이럴 때 강동을 자극해서는 안 됩니다."

"에잇!"

조조는 어쩔 수 없이 강동을 공격하는 것은 뒤로 미루기로 했어. 대신 하북 땅 북쪽에 있는 사막 지역까지 차지하기로 마음먹었지. 조조는 100만 명에 이르는 대군을 일으켜 직접 정벌에 나섰어.

여남성에 있던 유비도 조조의 소식을 들었어.

"조조가 군사 대부분을 이끌고 북쪽으로 떠났으니 지금 허도는 텅 비어 있겠군."

유비는 당장 군사를 일으켜 허도를 공격하기로 했어.

"기회는 지금이다! 이때를 놓치지 말고 허도를 쳐야 한다."

관우, 장비, 조운, 주창과 관평 등 뛰어난 장수들이 있었기 때문에 유비는 이번 전투에 자신이 있었어.

그런데 어찌 된 일인지 유비가 군사를 이끌고 허도로 향하는 사이, 조조는 진군을 멈추었어.

"훗, 유비가 내 생각대로 움직이는군."

조조는 조홍, 하후돈, 장합에게 군사 30만을 내주며 북쪽 사막과 요동을 정벌하라고 명령하고는 나머지 70만 대군은 방향을 돌렸어.

"뭐라고? 조조가 다시 돌아오고 있다고?"

뒤늦게 이 소식을 들은 유비는 소스라치게 놀랐어. 조조의 계략에 빠져 버린 거지. 유비는 즉시 군사를 되돌리려 했지만 이미 늦었어. 조조의

70만 대군은 얼마 되지 않는 유비의 군사들을 포위해 버렸어.

"이 일을 어쩌면 좋은가!"

"형님, 형주로 피하면 어떨까요? 형주 태수 유표는 형님과 마찬가지로 황족이니 틀림없이 받아 줄 것입니다."

"그래, 조조를 함부로 공격하기보다는 차라리 후퇴하여 훗날을 도모하는 것이 좋을 것 같구나."

결국 유비는 형주로 피하기로 했어.

유비가 형주에 도착하자 유표는 매우 반가워했어. 그리고 유비와 군사들이 머물 수 있도록 신야성을 내주었지.

"감사합니다."

"무슨 말씀입니까? 우리는 같은 황족이 아닙니까! 게다가 유 황숙께서는 황제 폐하의 편지도 갖고 계시지 않습니까?"

"아아!"

"황제 폐하의 뜻대로 조조를 없앨 수 있다면 좋으련만!"

이렇게 해서 유비는 신야성에 머물게 되었어.

유비가 신야성에 머문 지 어느덧 4년이 흘렀어. 유비는 다시 조조를 공격할 적당한 때가 오길 기다렸지만, 세력은 약하기만 하고, 시간은 야속하게 빨리 흐르기만 했지.

어느 날 유표의 초대를 받아 잔치에 간 유비는 화장실에서 문득 자기의 살찐 허벅지를 보고 눈물을 흘리며 슬퍼했어.

"말을 타고 전쟁터를 달릴 때는 허벅지에 살이 찔 새가 없었는데, 그동안 아무것도 이룬 것 없이 세월만 덧없이 흘렀구나! 아, 슬프도다.*"

유비는 눈물을 흘리며 탄식했지.

"형님, 언제까지 이렇게 숨죽이고 있어야만 합니까?"

장비는 좁은 신야성에 머무는 것이 답답하다며 투덜거렸어.

하지만 유비는 신야성을 마음대로 떠날 수가 없었어. 유표가 부디 신야성에 머무르며 형주를 지켜 달라고 신신당부했기 때문이었지. 원소를 없애고 세력이 커진 조조가 노릴 곳은 바로 형주였어.

"아직은 조조를 죽일 때가 아닌 모양이다. 우리는 그저 조용히 때를 기다리자꾸나."

그렇게 지내면서 유비는 유표와 무척 가까워졌어. 유표에게 은혜를 갚기 위해서 반란을 일으킨 무리를 토벌하기도 했지. 그러자 유표는 유비를 더욱 믿게 되었어.

이 모습을 본 유표의 처남인 채모는 눈살을 잔뜩 찌푸렸어.

"매형은 어째서 가족인 우리보다 유비를 더 믿으십니까?"

특히 유표의 아내인 채 부인은 유비가 형주를 차지하게 될까 봐 조마

★ 비육지탄(髀肉之歎). 재능을 발휘할 때를 얻지 못하고 헛되이 세월을 보내는 것을 한탄함을 이르는 말. 유비가 오랫동안 전쟁터에 나가지 못해 허벅지에 살이 찐 것을 탄식한 데서 유래한 말이다.

조마했어. 유표에게는 유기와 유종* 두 아들이 있었어.

채씨는 자기가 낳은 아들인 유종을 유표의 후계자로 만들고 싶었어. 그래서 동생 채모 장군과 짜고 유비를 죽일 계획을 세웠어.

"매형, 올해는 농사가 풍년입니다. 풍년제를 지내 하늘의 은덕에 감사를 올려야겠지요?"

"그래야지. 나는 이제 늙어서 힘이 없으니, 유기와 유종을 제주(제사를 주관하는 사람)로 삼고 풍년제를 지내라."

유표의 말에 채모가 얼른 대꾸했어.

"안 됩니다. 유기와 유종은 너무 어리니 차라리 신야성에 있는 유비에게 풍년제를 지내도록 하십시오."

"그거 좋은 생각이로군!"

하지만 유표는 속으로 채모의 행동이 수상쩍다고 생각했어. 채모는 평소 유비의 이름이 나오기만 해도 으르렁거리며 이를 갈았거든. 그런데 이번에는 순순히 유비를 제주로 삼아 풍년제를 지내겠다고 하니, 어딘가 이상했던 거야.

유표를 대신해서 풍년제를 지내 달라는 부탁을 받은 유비는 단번에 이것이 함정임을 눈치챘어. 하지만 유표의 부탁을 거절할 수 없었지.

★ 이복형제 사이. 유기는 유표의 첫째 아들인데, 부인이 죽은 뒤 채씨를 새 부인으로 들여 유종을 낳았다. 유표는 장남 유기와 차남 유종 중에서 형주 땅을 누구에게 물려줄 것인지 고민했다.

"형님, 무조건 거절하셔야 합니다."

"안 된다. 그러면 유표가 난처해질 것이다."

"그러면 제가 호위하겠습니다!"

보다 못한 조운이 나섰어. 유비는 조운에게 조용히 호위해 달라고 부탁하고 유표가 있는 양양성으로 갔어.

호화롭게 차려진 풍년제에는 형주의 신하와 장수 등 많은 사람이 참여했어. 채모와 유기, 유종이 유비를 기다리고 있었지.

채모는 유비와 함께 조운이 나타난 것을 보고 이마를 잔뜩 찡그렸어.

'조운이 있는 한 유비의 머리카락 하나도 건드릴 수 없는데!'

채모는 어떻게든 조운을 다른 자리로 유인하려고 애썼어. 하지만 조운은 마치 목석이 된 것처럼 유비 옆에 딱 붙어 서서 꼼짝도 하지 않았지.

"조 장군을 옆에 계속 두시는 걸 보니 아무래도 우리를 믿지 못하시나 봅니다?"

채모가 묻자 유비는 손을 내저었어.

"그럴 리가요!"

"그게 아니라면 조 장군이 옆을 지키고 서 있을 이유가 없잖습니까?"

"흠, 자룡, 나는 괜찮으니 병사들과 함께 쉬도록 하게."

유비의 말에 조운이 안 된다는 뜻으로 두 눈을 크게 떴어. 유비는 고개를 끄덕이며 다시 말했어.

"괜찮네. 저쪽으로 가서 쉬게."

"하지만……."

유비는 조운에게 다시 한번 쉬어도 좋다고 했지. 조운은 하는 수 없이 잔치가 벌어지고 있는 자리로 가서 앉았어. 그러자 채모는 얼른 유비에게 다가가 술잔을 내밀었어.

"이럴 게 아니라 단둘이 조용한 곳으로 가서 한잔합시다!"

"그럽시다."

유비는 술을 마시며 주변을 살폈어.

그때 병풍 뒤쪽에서 철컹철컹 칼과 갑옷이 흔들리는 소리가 살짝 들렸어. 누가 몰래 숨어 있었던 거지. 그들은 채모가 숨겨 둔 장수들이었어. 언제든 명령만 떨어지면 유비를 죽이려는 속셈이었지.

"허허, 술을 한잔 마셨더니 몸에서 열이 나는구려. 잠시 바람을 좀 쐬어야겠소."

유비는 일부러 바람을 쐬는 척 밖으로 나갔어. 그리고 채모가 방심한 틈에 재빨리 도망치려고 했어. 그런데 어디로 가야 성 밖으로 빠져나가는지 몰라 갈팡질팡했어. 이때 유표의 부하인 이적*이 소리쳤어.

"다른 곳엔 군사들이 진을 치고 있지만, 서쪽 성문에는 군사들이 없습니다! 서문 밖으로 나가면 말이 한 마리 있을 것입니다. 그 말을 타고 도

★ 유표의 부하였으나 유비의 인품에 반해 유비를 따르게 된다.

망치십시오!"

"이 은혜는 잊지 않겠습니다!"

유비는 재빨리 서문으로 달려가 밖에 있는 말에 올랐어.

그사이 유비가 도망쳤다는 사실을 눈치챈 채모는 군사를 이끌고 유비의 뒤를 쫓았어. 말을 달리려던 유비는 서쪽 성문에 군사가 없는 이유를 알게 되었어. 성문 바로 앞에 절벽이 있고 그 밑으로 거친 강물이 흐르고 있었던 거야.

두두두두, 두두두두!

유비를 죽이려는 채모의 군사들이 말을 타고 달려왔어.

"내 운명은 하늘에 맡겨야겠구나. 말아, 힘을 내 다오!"

유비는 말의 목덜미를 붙잡으며 말했어.

"이히히히힝!"

유비가 탄 말이 쏜살같이 하늘로 솟구치며 절벽을 뛰어내렸어. 그러고는 거친 물살을 헤치며 강을 건너갔지. 채모와 군사들은 말을 몰아 강을 건너려고 했지만 말들이 겁을 먹었는지 좀처럼 절벽으로 뛰어들려고 하지 않았어.

"당장 강을 건너라!"

채모가 채찍을 휘두르며 말을 재촉했지만 소용없었어.

"네 덕분에 살았다!"

위기에서 벗어난 유비는 말의 머리를 쓰다듬으며 한숨을 내쉬었어.

유비가 사라진 뒤, 조운이 나타나 채모에게 험상궂은 표정으로 물었어.

"지금 누굴 쫓고 계신 것이오?"

"조, 조 장군!"

"유 황숙은 어디 계십니까?"

"모르겠습니다. 다급히 서문으로 나가시기에 무슨 일인가 하고 쫓아왔던 것입니다. 그런데 모습이 어디에도 안 보이지 뭡니까?"

채모가 다급히 말을 둘러댔어. 그 말을 들은 조운은 말을 몰아 유비를 찾아 산 쪽으로 달려갔지.

제19장

조조 군을 물리친 서서

 양양성에서 가까스로 벗어난 유비는 말을 타고 달리고 또 달렸어. 그리고 어느 산기슭에 도착했을 무렵, 한 소년이 지나가다가 유비를 알아보고 불쑥 말을 걸었어.
 "신야성에 계신 유 황숙이시지요?"
 "네가 나를 어떻게 아느냐?"
 유비가 깜짝 놀란 표정으로 묻자, 소년이 빙그레 웃음을 지었어.
 "저희 스승님께서 유 황숙은 팔이 길어 무릎까지 내려오고 귀가 얼굴을 덮을 만큼 크다고 하셨거든요."
 "네 스승은 누구시냐?"
 "성은 사마이고, 함자는 휘인데, 다들 수경 선생이라고 부릅니다."
 유비는 수경 선생을 한번 만나 보고 싶어졌어. 어쩐지 예사로운 사람이 아닐 것 같았기 때문이지.

"그분을 한번 만나 뵙고 싶구나."

유비는 소년의 도움으로 수경 선생이 사는 곳까지 찾아가게 되었어.

깊은 숲속으로 들어서자, 작고 아담한 집 한 채가 나타났어. 그 집에서는 거문고 소리가 흘러나오고 있었지.

"밖에 유 황숙이십니까?"

"네? 네!"

유비가 대답하자, 머리가 하얀 노인이 문을 열고 나왔어. 노인은 유비를 보자마자, 오늘 무척 힘든 일이 있었겠다고 말했지. 유비의 옷이 젖어 있기는 했지만 마치 유비가 무슨 일을 당했는지 훤히 꿰고 있는 듯한 말투였어.

"황숙께서는 과연 인품이 뛰어난 영웅이십니다."

"과찬이십니다. 저는 아직 자립조차 하지 못하고 남의 신세를 지고 있습니다."

"그건 옆에 우수한 인재가 없기 때문입니다."

"제게는 의형제인 관우와 장비 그리고 조운이 있습니다."

유비의 말에 수경 선생은 고개를 흔들었어.

"물론 그들 모두 훌륭한 인재들입니다. 하지만 그들은 힘으로 싸우는 무인들입니다. 황숙께는 세상이 도는 이치를 알고, 적의 계략을 간파하는 뛰어난 머리를 가진 인재가 필요합니다."

"수경 선생님, 그런 분이 있을까요?"

"큰 힘을 발휘하고 싶다면 복룡이나 봉추 같은 인물을 얻어야 할 것입니다. 만약 복룡과 봉추 중에서 한 명만 곁에 두더라도 천하를 통일하는 일은 어렵지 않을 것입니다."

수경 선생의 말에 유비는 크게 놀랐어.

"수경 선생님, 저와 함께 천하를 구하는 일에 나서 주십시오. 황제 폐하의 뜻대로 조조를 물리치고 이 나라를 구하고 싶습니다."

"아닙니다. 저는 이미 늙었습니다. 저보다는 복룡과 봉추가 큰 도움이 될 것입니다."

수경 선생은 빙그레 미소를 지으며 말했어.

복룡은 지금은 깊은 연못에 숨어 살지만 언젠가 하늘 높이 오를 용이고, 봉추는 봉황이 될 어린 새를 말해. 그러니까 복룡과 봉추는 지금은 이름 없는 인물이지만, 언젠가 세상에 이름을 떨칠 위대한 능력을 가진 인물이란 뜻이지.

"수경 선생님. 복룡은 누구이고, 봉추는 누구입니까?"

"조만간 아실 날이 올 겁니다."

그때 집 밖에서 요란한 소리가 들려왔어. 조운과 군사들이 유비를 찾아온 거야.

유비는 수경 선생에게 큰절을 올리며 다시 찾아뵙겠다고 인사하고 자리를 떠났어.

유표는 채모가 양양성에서 유비를 죽이려고 했던 음모를 뒤늦게 알고 크게 화를 냈어.

"채모는 들어라. 다시 한번 어리석은 일을 저지른다면 네 목을 칠 것이다!"

유표는 큰아들인 유기를 신야성의 유비에게 보내 정중하게 사과했어.

신야성을 찾아온 유기는 유비를 붙잡고 눈물을 터트렸어. 계모 채씨와 채모가 자기를 죽이려고 호시탐탐 노리고 있다는 거야.

"새어머니와 채모는 동생 유종을 형주 땅을 다스릴 아버지의 후계자로 만들려고 하고 있습니다. 그러니 그들에게는 제가 눈엣가시 같겠지요. 으흐흑!"

"안타까운 일이군요. 부디 기운 내시오. 제가 도움이 될 수 있다면 뭐라도 돕겠소."

유비는 성 밖까지 나와 유기를 배웅하며 위로했어.

유비가 다시 성안으로 돌아가려고 할 때, 저 멀리 남루한 옷차림에 칡으로 만든 두건을 쓴 사람이 큰 소리로 노래를 부르며 지나가고 있었어.

천하의 영웅이 인재를 찾으면 어찌 마다할까?
아아, 내 주인은 나를 알아보려나?

그 노래를 들은 유비는 수경 선생이 말한 복룡과 봉추라는 이름이 떠올랐지. 유비는 낯선 사람에게 다가갔어.

"귀하의 이름은 무엇입니까?"

"저는 단복이라 합니다. 유 황숙을 찾아왔지만, 만날 방법이 없어서 이렇게 노래를 부르며 다니던 중입니다."

"단복!"

유비는 수경 선생이 말한 사람 중 한 명이 아닐까 생각했어. 그래서 단복을 신야성으로 불러들여 대접했지.

"저 같은 사람에게 이런 후한 대접을 해 주시다니, 몸 둘 바를 모르겠습니다. 사실은 황숙께서 현자를 찾는다는 소문을 듣고 일부러 큰 소리로 노래를 부르며 다녔습니다."

"아, 그랬군요. 하늘이 도와 우리가 이렇게 만났습니다. 단복 선생이야말로 저에게 큰 힘이 되어 주실 분입니다!"

유비는 단복과 얘기를 나누면서 보통 인물이 아니라는 것을 확신했어. 유비는 단복에게 군사(군사 작전을 지휘하는 지휘관)가 되어 달라고 부탁했어.

그 말을 들은 단복은 크게 웃음을 터트렸어.

"제가 지휘를 잘못해서 크게 패하기라도 하면 어쩌시렵니까?"

"그럴 일은 없을 것입니다."

유비는 관우와 장비, 조운 등 장수들을 불러 모두 단복의 명령을 따르라고 했지.

"요즘 유비 형님이 좀 이상합니다. 시장을 굴러다니던 이상한 놈을 주워 와서 떠받들잖아요."

장비는 관우와 조운에게 투덜거렸어.

"맞습니다. 저도 걱정스럽습니다."

"나도 의아스럽긴 하지만 일단 조금 더 지켜보는 게 좋겠다."

관우와 조운도 단복을 어디까지 믿어야 할지 모르겠다며 의심의 눈초리를 거두지 않았어.

한편 넓은 땅을 차지하고 있던 조조는 형주까지 차지하고 싶어 육촌 동생 조인과 이전을 보내 형주 근처의 번성을 점령하도록 했어. 원소 아래에 있던 여광과 여상이 신야성의 유비를 공격해 공을 세우고 싶어 하자 조인은 그들에게 신야성을 공격하라는 명령을 내렸어. 여광과 여상은 유비를 가벼이 보고 군사 5천 명을 이끌고 쳐들어왔지.

유비는 걱정이 컸어.

"우리 군사는 고작 2천 명에 불과한데 적을 막을 수 있을까요?"

"걱정하지 마십시오. 적의 군사 5천 명은 오합지졸일 테니까요."

단복은 관우와 장비, 조운에게 자신이 시키는 대로 나가서 싸우라고 지시했어.

"관우 장군은 왼쪽으로 공격해서 중앙을 찌르십시오. 장비 장군은 오른쪽으로 공격해서 뒤쪽을 찌르십시오. 유 황숙께서는 조운 장군과 함께 정면에서 공격하십시오. 반나절이면 적들은 궤멸되어 뿔뿔이 도망칠 것

입니다."

단복의 작전은 기가 막힐 정도로 치밀하고 빨랐어. 불과 몇 시간 만에 여광과 여상의 목을 베고, 조조 군을 물리치는 대승을 거두었지.

"장비야, 단복 선생의 말대로 딱 반나절 만에 승리했구나."

"관우 형님, 우리가 대단한 인물을 몰라봤나 봅니다."

단복을 무시하던 관우와 장비는 단복을 다시 보게 되었어.

하지만 얼마 뒤 조인과 이전의 군사들이 이를 갈며 다시 공격해 왔어. 이번에는 2만 5천 명의 군사들이 신야성을 향해 쳐들어왔지.

"단복 선생, 이 일을 어찌합니까? 5천 명은 막았다고 쳐도 2만 5천 명을 무슨 수로 막겠습니까?"

"이 모든 게 제가 바라던 것입니다. 이제 우리는 조조의 장수들을 모조리 무찌르고 번성까지 차지할 것입니다."

단복은 태연하게 미소를 지었어.

"이번 작전은 조 장군이 선봉을 맡으시오."

단복은 조운에게 500명의 군사를 이끌고 나가서 번성을 치라고 했어. 조운은 단복의 말대로 번성을 불화살로 공격하기 시작했어.

그러자 조조의 군사들이 번성에서 물밀듯 밀려 나와 조운의 군사를 공격하기 시작했지. 그러자 숨어 있던 장비가 군사를 이끌고 나타났어.

"죽고 싶지 않으면 비켜라! 장비가 간다!"

조조 군과 조운이 맞서 싸울 때, 장비가 조조 군의 옆구리를 공격한 거야. 놀란 조조 군은 허둥지둥거리다가 흩어져 버렸어.

"잠시 후퇴하라!"

조조 군은 번성으로 후퇴했어.

그런데 번성에는 유비 군의 깃발이 펄럭이고 있었어.

"아니, 이런!"

"이곳 번성은 이미 우리가 점령했다. 공격해라!"

관우가 어느새 비어 있던 번성을 차지하고 조조 군을 향해 화살을 쏘았어.

"으아아악! 후퇴하라!"

도망치는 조조 군을 관우가 끝까지 쫓아가서 공격했어. 조조 군은 대부분 목숨을 잃거나 도망쳤지. 대장인 조인과 이전은 그대로 허도로 달아나 버렸어.

수적으로 승리가 불가능해 보였던 전투에서 유비는 단복 덕분에 가볍게 이기고 단숨에 번성을 차지하게 되었어.

이 전투로 유비는 수경 선생이 말한 '세상이 도는 이치를 알고, 적의 계략을 간파하는 뛰어난 머리를 가진 인재'가 얼마나 중요한지 새삼 깨닫게 되었어.

"고작 2천 명밖에 되지 않는 유비의 군사들이 어째서 그토록 강해진 것이냐?"

궁금했던 조조는 책사 정욱을 불러 누가 유비를 돕고 있는지 알아내라고 명령했지.

"소문에 따르면 단복이라는 자가 군사로 있다고 합니다."

"단복이라? 처음 듣는 이름인데……."

"단복이라는 이름은 가짜입니다. 그는 원래 서서라는 사람인데, 군사와 지리에 밝은 인물입니다."

"흠!"

조조는 그런 인재를 유비에게 빼앗긴 것이 배가 아팠어. 그래서 부하 장수들에게 어떻게든 단복을 자기에게 데려오라고 명령했지. 그러자 정욱이 번뜩이는 꾀를 냈어.

"그자는 세상에 보기 드문 효자라고 합니다. 단복의 늙은 어머니가 이곳 허도에 살고 있으니 어머니를 볼모로 붙잡으면 어떻겠습니까?"

"오호라, 그러면 아들인 단복이 내게 올 수밖에 없겠지!"

조조는 크게 기뻐하며 그렇게 하라고 명령했어.

조조의 부하 장수들이 곧장 단복의 어머니를 데려왔어. 조조는 극진히 대접하며 단복의 어머니를 구슬렸어.

"단복, 아니지, 원래 이름은 서서랬지. 서서가 지금 유비의 편에서 나를 해치려 하고 있다는 사실을 아시오?"

"내 아들이라면 천하를 다스릴 만한 영웅의 곁에 섰을 것입니다. 유 황숙은 인덕이 훌륭한 분입니다. 못난 제 자식이 그런 분을 모신다니 정말 자랑스럽습니다."

서서의 어머니는 차분하게 말했어.

"뭐라고? 목숨이 아깝지 않소? 서서에게 편지를 쓰시오. 당장 이곳으로 돌아와 조조를 도우라고!"

"싫소!"

서서의 어머니는 아들을 위해 그런 짓은 할 수 없다며 고개를 가로저었어. 자존심이 상한 조조는 서서의 어머니를 인질로 붙잡아 두라고 명령했지.

그날 저녁, 조조는 정욱에게 거짓 편지를 쓰게 했어.

"내가 시킨 대로 쓰거라. 이 편지는 서서에게 보낼 것이다."

> 서서야, 나는 지금 조 승상의 집에서 지내고 있다.
> 승상께서는 내게 기름진 고기와 맛난 음식도 주시고
> 좋은 비단옷도 주셨단다.
> 네가 승상 곁으로 온다면 얼마나 좋겠느냐.
> 부디 이 어미의 뜻대로 이곳으로 와서 승상을 돕거라.
> – 어머니

조조의 명령을 받은 정욱은 서서의 어머니 글씨를 흉내 내어 거짓 편지를 썼어. 그리고 사람을 시켜 신야성에 있는 서서에게 편지를 보냈지. 어머니의 편지를 받아 본 서서는 깜짝 놀랐어. 편지는 분명히 어머니의 글씨였어.

조조가 극진하게 대접하고 있다는 내용이었지만, 지혜로운 서서는 어머니가 인질이 되어 붙잡혀 있다는 사실을 눈치챘어.

서서는 눈물을 흘렸어. 어머니를 그대로 조조의 손아귀에 둘 수는 없었기 때문이었지. 그래서 급히 유비를 만나러 갔어.

"단복 선생, 이 시간에 무슨 일이오?"

"사실 제 이름은 단복이 아니라 서서입니다. 저는 영천 사람인데 황숙을 돕고자 달려왔습니다. 그런데……."

서서는 유비에게 그동안의 사정을 말했어. 그 말을 들은 유비는 서서의 손을 맞잡으며 눈물을 흘렸어.

"어머니의 목숨보다 귀한 것은 없을 것이오. 당장 가서 어머니를 구하시오."

"유 황숙!"

"마음 같아서는 그대에게 나를 계속 도와달라고 하고 싶지만, 어머니를 두고 어찌 그런 부탁을 하겠습니까?"

다음 날, 서서는 허도로 떠났어. 유비와 관우, 장비, 조운이 성문 앞에서 허도로 떠나는 서서를 향해 인사했지. 서서는 눈물을 흘리며 힘겹게

발걸음을 뗐어. 그때 앞을 향해 걷던 서서가 갑자기 뒤돌아서더니 유비에게 외쳤어.

"양양에서 서쪽으로 20리쯤 가면 융중이라는 마을이 있습니다. 그 마을에 성은 제갈, 이름은 양, 자를 공명으로 쓰며, 호는 와룡이라고 하는 분이 계십니다. 가서 그분을 얻으십시오. 그분의 또 다른 이름은 복룡입니다."

"아!"

유비는 수경 선생이 했던 말이 떠올랐어.

'복룡이나 봉추를 얻어 천하를 얻으라고 하셨지! 아아, 드디어 나에게도 기회가 오는 것인가!'

그사이 서서는 유비의 눈앞에서 멀리 사라져 버렸어.

유비는 즉시 말을 타고 융중 마을로 향했어.

한편 서서는 허도로 가서 조조를 찾아갔어. 서서를 본 조조는 맨발로 뛰어나와 그를 반갑게 맞이했지.

"서서, 그대와 같은 인재는 나와 함께 있어야 하오!"

서서는 먼저 어머니를 만나게 해 달라고 부탁했어. 조조는 부하 장수에게 당장 서서의 어머니를 모셔 오라고 시켰지.

하지만 서서를 본 어머니는 크게 화를 냈어.

"내가 이런 편지를 썼을 리가 있느냐? 역적 조조에게 속아 불효막심한

죄송하고 감사합니다.

융중에 복룡이 있습니다! 그를 꼭 얻으십시오!

짓을 했구나! 유 황숙을 끝까지 모셨어야지. 내가 죽어서 조상님을 뵐 면목이 없구나."

서서의 어머니는 아들이 자기 때문에 유비를 버리고 돌아왔다는 것을 알고는 스스로 목을 매어 버렸어.

"아, 어머니!"

서서는 어머니의 시신을 끌어안고 서럽게 울음을 터트렸어. 이후 서서는 조조 아래에서 벼슬살이를 하긴 했어. 하지만 조조는 결국 서서를 자기 사람으로 만드는 데 실패했어.

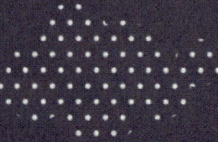

제20장

제갈량과 삼고초려

　유비는 융중 마을에 도착해 복룡 선생이 있는 곳을 찾았어. 마을 사람들은 낡고 초라한 초가집 한 채를 가리켰지.
　"저곳에 복룡 선생이 계신단 말이지요?"
　유비는 당장 그 집으로 달려갔어.
　그러자 꼬마 아이가 밖으로 나오더니 "지금 복룡 선생님은 안 계십니다."라고 말했어.
　"그래? 그럼 언제쯤 돌아오시느냐?"
　"그건 저도 모릅니다. 아무 말도 없이 나가시거든요."
　꼬마는 복룡 선생이 네댓새 만에 돌아오기도 하고, 한 달 만에 돌아오기도 한다면서 언제 돌아오실지 모르겠다고 했지.
　"흐음, 어쩐다? 주인도 없는 집에 마냥 머무는 것은 예의가 아닐 텐데 말이야."

유비는 다시 찾아오겠다고 말하고 아쉽게 돌아섰어. 이것이 첫 번째로 복룡 선생을 만나러 간 거야.

며칠 뒤, 유비는 관우와 장비를 데리고 또다시 융중 마을 복룡 선생의 집으로 향했어. 그날은 진눈깨비가 날리며 몹시 추웠지. 함께 가자며 뒤따라 나온 관우는 이렇게 추운 날 어디를 가는 것인지 물었어.

"아니, 형님도 참! 보고 싶은 사람이 있으면 신야성으로 부르면 될 것이지 왜 직접 가시는 겁니까?"

장비도 투덜거렸지.

"어허, 복룡 선생처럼 대단한 분을 만나는데 내가 직접 가는 게 당연한 일 아니겠느냐?"

"복룡이라는 자가 그렇게 대단합니까?"

"추운 게 불만이면 혼자 돌아가거라."

유비는 장비를 꾸짖었어. 장비는 꿍한 표정으로 유비의 뒤를 따랐지. 그렇게 유비 일행은 눈길을 헤치고 간신히 복룡 선생의 집에 도착했어. 꼬마가 나와 다시 인사를 했지.

"오늘은 복룡 선생께서 집에 계시느냐?"

유비가 묻자, 꼬마가 대답했어.

"친구분이 찾아오셔서 방금 나가셨습니다. 한발 늦으셨습니다."

"혹시 어디로 가셨는지 아느냐?"

유비가 물었어.

"저도 모릅니다. 배를 타고 호수에서 놀기도 하고, 동굴 안에서 악기를 연주하기도 하고, 어디서 무얼 하시는지 알 수가 없습니다."

"어허, 두 번이나 찾아왔는데 인연이 없는 것인가? 그렇다면 오늘은 편지를 남기고 가야겠구나."

유비는 복룡 선생에게 간절한 마음을 담아 편지를 썼어.

> 복룡 선생께
>
> 선생을 뵙고 싶어 찾아온 유비입니다.
> 선생의 높은 이름을 듣고 두 번이나 찾아왔으나
> 오늘도 그대로 돌아가게 되었습니다.
> 조정은 어지럽고, 나라는 무너져 내릴 지경인데,
> 백성을 위해 나선 저는 아직도 힘이 미미합니다.
> 저를 도와주십시오.
> 이번에는 돌아가지만 다음에는 꼭 뵙고 싶습니다.
> - 유비

그렇게 유비는 두 번째 방문에서도 복룡 선생을 만나지 못한 채 돌아와야 했어.

그로부터 다시 몇 달이 지났어. 계절은 흘러 겨울이 지나고 다시 봄이

왔지.

유비는 틈이 날 때마다 복룡 선생의 집으로 사람을 보내서 선생이 계신지 물었어. 그런데 마침 복룡 선생이 내일쯤 돌아올 거라는 대답을 듣게 되었지 뭐야.

유비는 정성을 다해 목욕까지 한 다음 복룡 선생의 집으로 향했어. 이번에도 관우와 장비가 뒤를 따랐지.

융중 마을에 도착해 저 멀리 복룡 선생의 집이 보이자, 유비는 말에서 내려 걷기 시작했어.

"형님, 말을 타고 가시지요!"

관우가 말하자 유비는 고개를 가로저었어.

"귀한 분을 만나러 가는 길이니 예의를 갖추어야지. 너희도 말에서 내려 걷도록 해라."

유비의 말에 관우와 장비는 하는 수 없이 말에서 내렸어.

"치잇, 복룡이라는 자가 도대체 얼마나 대단한 사람이기에 이러는 것이람."

"형님께서 저렇게까지 예의를 갖추시는 걸 보면 틀림없이 중요한 분일 것이다. 투덜대지 말거라."

관우는 툴툴거리는 장비를 달랬어.

그사이 유비는 복룡 선생의 집 안으로 들어갔어. 그러자 꼬마 아이가 얼른 밖으로 뛰어나오더니 깍듯하게 인사를 했지.

"안녕하세요? 오늘은 때맞춰 오셨군요. 선생님은 안채에 계십니다. 그런데……."

꼬마 아이가 머뭇거렸어.

"왜 그러느냐?"

"지금 낮잠을 주무시고 계시거든요. 들어가서 복룡 선생님을 깨워 드릴까요?"

"아니다. 일어나실 때까지 기다리마."

유비는 꼬마에게 복룡 선생의 잠을 방해하지 말라며 조심스럽게 마루 끝으로 가서 섰어. 복룡 선생의 방에서는 그 어떤 인기척도 들리지 않았어. 유비는 반나절이 넘게 꼿꼿하게 선 채로 두 손을 가지런히 모으고 복룡 선생이 깨기만을 기다렸지.

그렇게 얼마나 기다렸을까? 어느덧 해가 뉘엿뉘엿 지기 시작했어.

유비는 그때까지 꼼짝도 하지 않고 제자리에 서 있었어. 관우와 함께 밖에서 기다리다가 답답해서 집 안을 들여다보던 장비가 화가 나서 소리쳤어.

"형님, 언제까지 기다리실 겁니까? 초가집에 확 불을 지르면 복룡인지 뭔지 튀어나올 겁니다!"

"쉿, 조용히 하거라. 형님이 깊은 뜻을 두고 세 차례나 찾은 분이다. 섣불리 나서지 마라."

관우가 장비에게 주의를 줬어.

"아, 잘 잤다!"

그때 한 남자가 기지개를 켜며 방문을 열고 밖으로 나왔어.

하얀 옷을 입은 남자는 키가 무척 컸고 몸은 후리후리했어. 하얀 얼굴에 까만 눈동자가 반짝반짝 빛나는 듯했지.

'아, 저렇게 젊은 청년이 복룡 선생이라니!'

유비는 입을 다물지 못했어. 그가 그토록 간절하게 찾던 제갈량을 드디어 만나게 된 거야.

"누구십니까?"

제갈량이 묻자, 유비는 공손하게 고개를 조아리며 말했어.

"저는 신야성에 사는 유현덕이라는 사람입니다. 복룡 선생을 뵈러 왔습니다."

그러자 제갈량은 편지를 잘 읽었다면서 유비에게 얼른 방으로 들어오라고 말했어.

"유 황숙에 대한 이야기는 익히 들어 알고 있습니다. 역적 조조에게 쫓겨 고초를 겪고 계시지요."

"저에 대해 알고 계신다니 영광입니다. 부디 저에게 천하를 구할 방법을 알려 주십시오, 복룡 선생!"

유비가 다시 한번 고개를 깊이 조아리며 부탁했어. 그러자 제갈량이 대답했지.

"저는 시골에 사는 일개 학자에 불과합니다. 제가 어찌 천하를 구하겠습니까?"

하지만 유비는 포기하지 않고 다시 한번 설득했어.

"지금까지 천하의 백성을 위해 싸웠지만, 지략이 부족해 이룬 것이 없습니다. 백성들은 지금 이 순간에도 고통 속에 신음하고 있습니다. 제발 백성을 위해 제게 지혜를 나누어 주십시오."

백성을 생각하는 유비의 간절함에 제갈량은 마음이 조금씩 흔들렸어. 한참을 고민하던 제갈량은 천하를 통일할 놀라운 계책을 들려주었어.

"북쪽의 조조는 매우 강하고 터전이 튼튼해서 싸워서 이기기가 어렵습니다. 유 황숙께서는 강동 땅에 자리 잡은 손권과 손을 잡고 조조의 세력에 대항하심이 옳을 것입니다. 형주의 유표는 머지않아 세상을 뜰 것입니다. 만일 유 황숙께서 천하를 평정하시려면 먼저 형주를 손에 넣으셔야 합니다. 형주 땅이야말로 유 황숙께서 차지할 수 있는 가장 크고 좋은 땅입니다."

"아, 그렇군요."

그 순간 유비는 마음속이 후련해지면서 장님이 눈을 떠 세상을 보는 기분이 들었어.

"형주 땅은 아직 조조나 손권이 넘보지 못하니 유 황숙께서 차지하셔야 할 곳입니다. 그다음에 서쪽의 익주를 차지해서 천하통일의 근거지로 삼아야 합니다. 그렇게 하신다면 조조, 손권과 함께 천하를 셋으로 나눌 수 있습니다. 형주와 익주, 즉 서촉 땅에 나라를 세우고 때를 기다리면 천하를 통일할 수 있을 것입니다."

"천하를 셋으로 나눈다고요? 아! 어떻게 그런 생각을 하실 수 있습니까? 복룡 선생을 만나 뵙고 나니 깜깜했던 눈앞이 시원하게 보이는 것 같습니다. 복룡 선생! 부디 제 곁에 계시며 바른길을 일러 주실 수는 없겠습니까? 저를 도와주십시오!"

그 말을 들은 제갈량은 또다시 한참 동안 답이 없었어.

유비가 다시 한번 부탁한다며 머리를 숙였어.

"싫습니다."

"어째서입니까?"

"저는 이미 세상을 떠나 조용히 살고자 마음먹은 사람입니다. 그 어떤 이유로든 세상으로 나갈 수는 없습니다."

"으흐흐흑, 선생께서 저를 버리시는 것은 저 하나를 버리심이 아니라 이 나라 만백성을 버리시는 것입니다. 제발 저의 간절한 부탁을 거절하지 말아 주십시오."

유비는 고개를 숙인 채 눈물을 계속 흘리며 꼼짝도 하지 않았어.

그 모습을 본 제갈량은 가슴이 뭉클했어. 이처럼 백성을 위해 눈물을 흘리는 사람을 본 적이 없었거든.

유비는 다시 찾아오겠다며 자리에서 일어섰어. 제갈량이 허락할 때까지 열 번이고 스무 번이고 찾아올 생각이었지. 그제야 제갈량은 유비의 손을 잡았어.

"이 제갈량, 하늘에 맹세코 정성을 다해 유 황숙을 주군으로 받들어 모시겠습니다."

제갈량의 입에서 드디어 허락이 떨어졌어.

"참으로 감사합니다!"

유비는 제갈량의 손을 잡고 고개를 숙이며 고맙다고 인사했어. 마침내 천하를 얻게 해 줄 인재라는 복룡과 봉추 중에서 복룡을 얻게 되었으니 기쁨이 말할 것도 없었지.

제갈량은 동생 제갈균에게 천하가 평화로워지면 다시 돌아올 테니 집과 논밭을 부탁한다고 말하고 유비와 함께 길을 나섰어. 이때 제갈량의 나이는 스물일곱, 유비는 마흔일곱이었어. 두 사람은 스무 살이나 차이가 났어.

유비는 황족의 피가 흐르는 황제의 숙부이면서, 좌장군 예주목 의성정후라는 벼슬과 작위까지 갖고 있었지. 더구나 조조와 맞서 싸울 정도로 천하에 이름을 떨치고 있는 영웅이었지.

그럼에도 시골 초가집에 사는 이름 모를 젊은 청년을 만나기 위해 험한 길을 세 번이나 찾아갔고, 스무 살이나 어린 청년의 허락을 얻기 위해 머리를 조아리며 눈물을 흘렸어.

제갈량의 초가집을 유비가 세 번이나 찾아간 것을 '삼고초려'라고 해. 유능한 인재를 얻으려면 그만큼의 참을성 있는 정성과 노력이 필요하다는 것을 유비는 알고 있었던 거야.

신야성으로 돌아온 유비는 제갈량을 군사로 삼고 하루 종일 꼭 붙어 지냈어. 밥을 먹어도 같이 먹고, 잠을 잘 때도 같은 방에서 잤지. 유비가 너무 심하게 제갈량만 찾자, 장비와 관우는 불만이 생겼어.

"형님은 아침에 눈뜰 때부터 밤에 눈 감을 때까지 공명, 공명, 온종일 공명을 따라다니며 스승처럼 떠받드는구나."

"저런 젊은 애송이가 뭐가 대단하다고 형님은 쩔쩔매는 것일까요?"

참다못한 관우와 장비는 유비를 찾아가 너무 지나친 게 아니냐고 불평했어.

"내가 복룡을 얻은 것은 물고기가 물을 얻은 것이나 다름없다. 물 없이 물고기가 살 수 있느냐?"

유비가 물고기이고, 제갈량이 물이라는 말이었지. 물과 물고기는 아주 가까워 떨어질 수 없는 사이*라는 뜻이었어. 그러면서 엄격한 얼굴로 이렇게 덧붙였어.

"공명을 무시한다면 나를 무시하는 것이다. 누구라도 절대 용서하지 않을 것이다!"

관우와 장비는 유비의 말에 크게 실망했어. 태어난 날은 달라도 죽는 날은 함께하자고 맹세하고 수많은 전쟁터를 함께 누벼 왔건만, 유비의

★ 수어지교(水魚之交). 물이 없으면 살 수 없는 물고기와 물의 관계라는 뜻. 아주 친밀해 떨어질 수 없는 사이를 이르는 말. 유비가 세 번이나 찾아가 얻은 인재 제갈량과의 관계를 빗대어 표현한 데서 유래한 말이다.

마음이 너무 매정하게 변한 것 같았지.

"장비야, 머지않아 공명의 가면이 벗겨질 것이다. 그러면 형님도 정신을 차리겠지. 그때까지 기다리자."

관우는 눈물을 흘리는 장비를 위로했어.

한편 제갈량은 유비에게 천하를 통일하려면 가장 먼저 형주를 손에 넣어야 한다고 했어. 형주 땅은 장강을 사이에 둔 강남과 강북을 잇는 교통의 중심지이면서 땅이 기름지고 비옥한 곳이었어. 곡식이 넘쳐나서 백성들은 넉넉하게 살고 있었지.

"그럴 수는 없소. 형주의 태수는 유표가 아니오? 그분에게는 너무 많은 신세를 졌소."

유비는 형주를 공격하는 데 반대했어. 형주는 유비의 친척이면서 한때 유비가 신세를 진 유표의 땅이었기 때문이지. 유비는 은혜를 베푼 유표를 배신할 수 없었어. 제갈량은 그런 유비를 보며 한숨을 내쉬었어. 천하를 통일하고 고통받는 백성을 위해서는 형주 땅이 꼭 필요했기 때문이지.

"정 그러시면 할 수 없지요. 지금이 아니라도 언젠가 좋은 기회가 올 것입니다."

한편, 신야성의 유비가 군사를 모집해 매일 훈련한다는 소식이 조조에게 전해졌어. 주변의 신하들은 조조에게 훗날 걱정거리가 되기 진에 유비를 미리 없애는 것이 좋겠다고 했어.

"내 생각도 그러하다. 세력이 더 커지기 전에 해치워야겠다."

조조는 하후돈에게 군사 10만 명을 주면서 신야성을 쓸어버리라고 명령했어.

"하후돈, 할 수 있겠느냐?"

"예, 이번에야말로 유비의 목을 베겠습니다!"

다른 신하들은 유비 군을 쉽게 보지 말라고 했어. 유비 군은 수는 많지 않지만, 관우와 장비 같은 뛰어난 맹장들이 있고, 군병들의 충성심이 높아서 쉽지 않다고 했지.

"흥! 유비 따위는 한칼에 없앨 수 있습니다."

하후돈은 자신만만했어.

하후돈이 10만 명의 대군을 이끌고 신야성으로 쳐들어온다는 소식을 듣고 유비는 깜짝 놀랐어. 제갈량이 있다고는 하지만 유비가 거느린 군사의 수는 고작 5천 명밖에 되지 않았거든. 유비가 걱정하자 장비가 비꼬듯 말했어.

"형님, 형님이 그토록 힘들게 모셔 온 공명인지 공물인지에게 실력을 발휘해 보라고 하십시오."

"장비는 말을 조심하라. 나는 지혜는 공명을, 용기는 관우를, 전투는 너를 믿고 큰일을 이루려 한다. 그런데 네가 그렇게 말하면 우리가 어찌

조화를 이룰 수 있겠느냐?"

유비는 장비에게 따끔하게 말했어.

그때 제갈량이 찾아와 말했어.

"조조 군은 걱정하실 필요가 없습니다. 문제는 조조 군이 아니라 우리 내부에 있습니다."

"그게 무슨 말입니까?"

제갈량은 관우와 장비를 바라봤어.

"두 장군이 제 명령을 듣지 않는다면 이길 수 있는 싸움도 질 것입니다. 만약 제게 지휘를 맡기신다면 주군의 칼을 제게 주십시오."

"알겠소."

유비는 장군들과 부하들을 향해 소리쳤어.

"앞으로 공명의 명령을 거역함은 곧 나의 명을 거역하는 것이나 마찬가지다. 그러니 모두 공명의 뜻을 받들도록 하여라!"

이렇게 말한 유비는 자신이 몸에 차고 있던 칼을 풀어 제갈량에게 건네주었어.

제갈량은 관우와 장비를 향해 말했어.

"앞으로 제 명령을 듣지 않는다면 이 칼로 베어 버릴 것입니다."

"뭐라고? 이 젊은 애송이 녀석! 어디 한번 베어 봐라!"

장비가 제갈량을 향해 칼을 뽑으려고 했어. 밖에서는 조조의 10만 대군이 쳐들어오고 있고, 안에서는 제갈량과 관우, 장비가 서로 죽여 버리겠다고 다투고 있었어.

아, 위태로운 유비의 운명은 어떻게 될까? 유비는 과연 천하를 셋으로 나누는 '천하삼분지계'를 이룰 수 있을까?

문해력 쏙쏙
역사 지식

관우는 어떻게 신이 되었을까?

긴 수염을 휘날리며 청룡언월도를 들고 전쟁터를 누비던 의리의 맹장 관우. 난세에 수많은 영웅이 있었지만, 관우처럼 죽어서도 추앙받는 인물은 드물어요.

중국에 가면 공원, 음식점, 가게 등에서 관우의 그림이나 동상을 흔하게 볼 수 있어요. 관우는 중국 사람들에게 복덕과 재물의 신으로 추앙받고 있어요.

관우가 신이 된 것은 무공이 뛰어날 뿐만 아니라 충의와 충절을 지녔기 때문이에요. 관우는 조조에게 항복하고 허도에서 지낼 때 조조가 보내는 금은보화를 모두 거절하며 유비에 대한 절개와 충의를 지켰어요. 의리와 신용을 중시하는 중국 상인들은 관우의 이런 모습을 보고 존경했던 것이지요.

관우의 사당, 동관왕묘

서울 종로에는 400년 넘은 '동관왕묘(東關王廟)'가 있어요. '동쪽에 있는 관우의 사당'이란 뜻이지요. 줄여서 흔히 '동묘'라고 부르는 이곳에서는 관우의 제사를 지내요.

삼국 시대에 천하를 통일하기 위해 싸운 장수는 무척 많지만, 이처럼 사당을 지어서 추모하는 장수는 관우밖에 없어요. 그런데 중국의 영웅인 관우의 사당이 왜 우리나라 서울 한복판에 있는 것일까요?

임진왜란이 벌어졌을 때 중국 명나라가 군대를 보내와 조선군과 한편이 되어 왜군과 싸웠어요. 명나라의 장수 이여송의 군대가 왜군과 치열하게 싸우고 있을 때, 갑자기 하늘에서 관우가 이끄는 병사들이 내려오더니 왜군을 물리쳤다고 해요. 그래서 명나라 장수들은 전쟁 중에도 사당을 만들어 관우의 덕을 기렸지요.

그 뒤 명나라 황제 신종이 조선에 관우의 사당을 지어 달라고 조서와 함께 돈을 보내왔어요. 그렇게 동관왕묘가 만들어진 것이지요. 원래 관왕묘는 서울의 동서남북 네 곳에 만들어졌는데, 지금은 동쪽의 관왕묘만 남아 있어요.

《삼국지》는 일본에도 전해져서 관우를 존경하는 사람들이 많았어요. 그래서 임진왜란 때 왜군은 관우 사당인 관왕묘를 함부로 공격하지 않았어요. 서울의 동관왕묘 외에 안동, 남원, 강화에도 관왕묘가 남아 있어요.

문해력 쏙쏙
사자성어

단기천리(單騎千里)

말 한 필로 천 리를 나아간다는 뜻. 관우는 조조를 떠나 유비를 찾아가는 길에 조조의 맹장들이 지키는 다섯 개의 관문을 통과하면서 앞을 가로막는 여섯 장수를 베어 버린다. 의리를 지키려고 거침없이 나아가는 모습을 뜻하는 말이다.

> **예문** 친구야, 지금은 어쩔 수 없이 헤어지지만, 나중에 반드시 '단기천리'로 찾아갈게.

비육지탄(髀肉之嘆)

허벅지에 오른 살을 보고 한탄한다는 뜻. 조조에게 쫓기던 유비는 형주 태수 유표에게 신세를 지며 신야성에서 세월을 보냈다. 유비가 자기 허벅지에 찐 살을 보고 이룬 일 없이 세월만 보내는 것을 슬퍼한 데서 유래한 말이다. 보람 있는 일을 하지 못하고 시간만 흘려보낼 때 쓰는 말이다.

> **예문** 방학 내내 아무것도 안 하고 집에서 먹고 자기만 했더니 어느새 개학날! 아, '비육지탄'이네!

삼고초려(三顧草廬)

초가집을 세 번이나 찾아간다는 뜻. 유비는 뛰어난 인재가 필요해 제갈량을 두 번이나 찾아갔지만 제갈량을 만나지 못하고, 세 번째 찾아가서 몸을 낮추고 나서야 제갈량을 만난 데서 유래한 말이다. 뛰어난 인재를 만나려면 그만큼 정성과 노력이 필요하다는 뜻이다.

> **예문** 선생님을 모셔 오려고 우리는 '삼고초려'를 했습니다.

수어지교(水魚之交)

물과 물고기처럼 떨어질 수 없는 사이라는 뜻. 제갈량을 만난 유비는 언제나 식사도 함께, 잠도 함께 자면서 제갈량과 친하게 지냈다. 이 모습에 관우와 장비는 불평을 늘어놓았다. 그러자 유비가 '물 없이 물고기가 살 수 없다'고 잘라 말한 데서 유래한 말이다.

> **예문** 엄마, 저는 지수랑 마음이 잘 맞아요. 우리는 '수어지교' 사이예요.

손책과 우길

이때 강동에 이상한 인물이 나타났어. 이름이 '우길'이라는 수상쩍은 노인인데, 못 고치는 병이 없어서 신선이라고까지 소문이 난 거야. 백성들은 우길을 우러러보았지.

독창에 찔려 앓고 있던 손책은 정상이 아니었어.

㉠ "우길은 백성들의 정신을 홀리게 만드는 나쁜 자니 죽여라."

그런데 신하들뿐 아니라 손책의 어머니조차 반대하지 뭐야. 손책은 우길을 죽이지는 못하고 감옥에 (㉡).

그즈음 강동은 오랫동안 비가 오지 않아 극심한 가뭄에 시달리고 있었어. 손책은 우길에게 비를 내리게 하면 풀어 주겠다고 했지. 우길은 제단을 쌓고 하늘에 기도를 올렸어. 그런데 신기하게도 정말 비가 쏟아진 거야.

1. 이 글에 쓰인 낱말 중 뜻이 비슷한 말끼리 알맞게 짝 지은 것은 무엇일까요? ( )

① 신선 – 신기
② 나쁜 – 극심한
③ 이상한 – 수상쩍은
④ 고치는 – 다스리던

2. 손책에 대한 설명으로 알맞지 <u>않은</u> 것은 무엇일까요? ( )

　① 독창에 찔렸다.
　② 우길을 죽이려고 했다.
　③ 비를 내리게 했다.
　④ 백성을 아끼는 마음이 있다.

3. 다음 중 ㉠에서 알 수 있는 인물의 마음을 <u>바르게</u> 짐작한 사람은 누구일까요? ( )

　① 관우: 손책은 우길이 자기를 죽이려고 한다고 생각했소.
　② 장비: 손책은 우길이 백성을 속이고 있다고 판단한 거지요.

4. 이 글에서 일이 일어난 <u>순서대로</u> 번호를 쓰세요. (－ － －)

　① 강동이 가뭄에 시달렸다.
　② 손책은 독창에 찔렸다.
　③ 우길은 감옥에 갇혔다.
　④ 손책은 우길을 죽이려고 했다.

5. ㉡에 들어갈 낱말에 알맞은 것은 무엇일까요? ( )

　① 가두었지　② 갇우었지　③ 가둬었지　④ 가드었지

6. 다음 글을 읽고, 인물이 어떻게 행동했을지 짐작해서 문장을 완성해 보세요.

비가 내리는 것을 본 백성들은 우길이 하늘을 움직이는 신선이라면서 우길을 향해 절을 올렸어. 그러자 손책은 우길을 _____
_____

⌘ 삼국지 배경 지도 ⌘

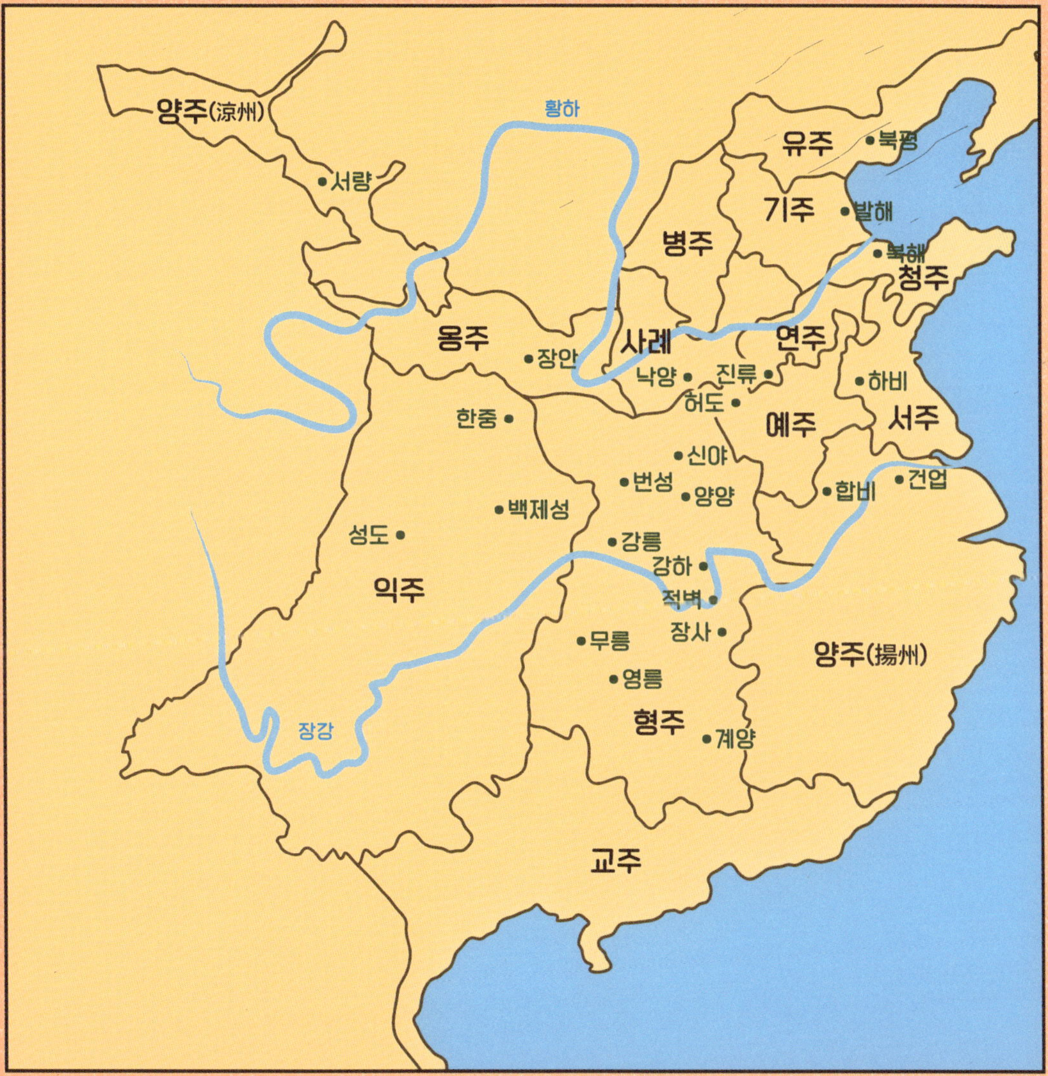

양주(涼州)
황하
서량
유주
북평
기주
발해
병주
북해
청주
옹주
장안
사례
연주
낙양
진류
허도
하비
한중
예주
서주
신야
번성
양양
합비
건업
백제성
성도
강릉
강하
익주
적벽
장사
무릉
양주(揚州)
영릉
장강
형주
계양
교주

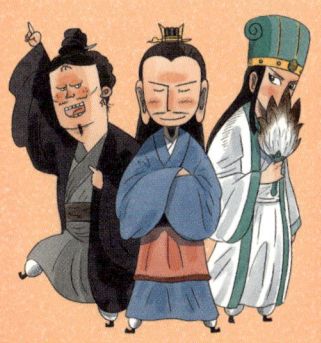